Sementes de mamona

1ª edição

FTD

São Paulo – 2023

Sementes de mamona

Aline Abreu

FTD

Copyright © Aline Abreu, 2023

Reprodução proibida: art. 184 do Código Penal e Lei 9.610 de 19 de fevereiro de 1998.
Todos os direitos reservados à
EDITORA FTD
Rua Rui Barbosa, 156 – Bela Vista – São Paulo – SP
CEP 01326-010 – Tel. 0800 772 2300
www.ftd.com.br | central.relacionamento@ftd.com.br

DIRETOR-GERAL Ricardo Tavares de Oliveira
DIRETOR DE CONTEÚDO E NEGÓCIOS Cayube Galas
GERENTE EDITORIAL Isabel Lopes Coelho
EDITOR Estevão Azevedo
EDITORA-ASSISTENTE Camila Saraiva
ANALISTA DE RELAÇÕES INTERNACIONAIS Tassia R. S. de Oliveira
COORDENADOR DE PRODUÇÃO EDITORIAL Leandro Hiroshi Kanno
PREPARADORA Kandy Saraiva
REVISORAS Marina Nogueira e Lívia Perran
EDITORA DE ARTE Camila Catto
PROJETO GRÁFICO E DIAGRAMAÇÃO Flávia Castanheira
DIRETOR DE OPERAÇÕES E PRODUÇÃO GRÁFICA Reginaldo Soares Damasceno

Aline Abreu nasceu em Barra do Piraí (RJ), em 1977. É formada em Artes Visuais pela FAAP e mestre em Literatura e Crítica Literária pela PUC-SP.

Dados Internacionais de Catalogação na Publicação (CIP)
(Câmara Brasileira do Livro, SP, Brasil)

Abreu, Aline
   Sementes de mamona / texto e ilustrações de
Aline Abreu. – 1. ed. – São Paulo: FTD, 2023.
   ISBN 978-85-96-04046-4
   1. Literatura infantojuvenil I. Título.

23-147168   CDD-028.5

Índice para catálogo sistemático:
1. Literatura infantojuvenil 028.5
Eliane de Freitas Leite – Bibliotecária – CRB 8/8415

Para a menina que eu gostaria de ter sido.
Para todas as meninas que sabem gritar bem alto.

Meus pais têm um jeito de terminar qualquer discussão nossa com um pedido de desculpas. ... 11   Acho que minha mãe gosta mais do João do que de mim. ... 16   Vou ter que engolir tudo o que sinto sobre essa mudança. ... 18   Encaro meu reflexo na janela antes de sair do carro. Não me reconheço. ... 21   Conversar com a Amanda me faz muito bem. ... 26   Parece a corcunda de um golfinho mergulhando no mar em dia sem sol. ... 27   Quando a Amanda abre um sorriso, parece que sorri com o corpo inteiro. ... 28   Perdi a primeira aula. E a segunda também. ... 30   Estou culpada por ter mãe. ... 33   Hoje acordei com uma flor na escrivaninha. ... 34   Mensagem da Amanda: iniciando projeto brigadeiro. vc pode vir agora aqui no portão de casa? ... 35   Então o nome dele é Enrico. ... 37   Agora é que morro de fome mesmo. ... 38   Como consegui me enrolar mais do que minhoca? ... 43   Passo o resto da semana rezando para a conversa da composteira morrer no vácuo. ... 45   Parece um dos meus sonhos. ... 45   Não tenho nenhum amigo que me conhece desde que eu nasci. Bom, tem meu irmão. Mas aí estão meus pais no meio. ... 50   Olhando bem, esses brigadeiros têm tamanhos completamente diferentes. ... 51   Bzzz bzzz bzzz bzzz bzzz bzzz bzzz bzzz ... 53   Não faz muito tempo. ... 53   A Tamara é tão legal que eu até gosto quando ela aparece para a gente conversar um pouco. ... 54   A verdade é que o máximo que já pensei em horta é quando invento desculpa para fugir de comer salada. ... 56   Olhando, parece que não tem nada lá. ... 58   Ontem o pedaço de chão dormiu tranquilo. ... 61   A Amanda deve contar mais coisas para o Enrico do que para mim. ... 64   Acho que para saber se é mesmo sonho é só reparar se o pensamento tem ponto-final. ... 67   Nunca entrei na casa da Amanda. ... 69   Melhores amigas, elas duas. ... 71   Li em algum lugar: quem sente culpa quer se livrar dela porque é muito peso para carregar. ... 72   Acho que sou feminista. ... 74   Será verdade que o círculo é uma forma perfeita? ... 76   Aqui no meu caderno eu posso tudo. ... 77   Acho que minha mãe gosta de mim. Mas gosta mais do meu irmão. ... 79   Chega de calçada. ... 80   ♥ ... 82   Olhando agora a sombra da árvore sobre a calçada, parece que vejo um colo. ... 83   Cortinas fechadas por três dias, nem consegui saber se tinha alguém em casa. ... 85   Eu não gosto, ou melhor, eu não gostava de morar aqui. ...86   Quando bate um vento sinto falta do cheiro de maresia e me dá vontade de chorar. ...88   Por que o pai da Amanda não deixa ....? Qualquer pergunta recebe a mesma resposta: não pode. ...90   Ficar à toa: só não gosta quem nunca experimentou. ...92   Ahhhh! O primeiro amor é como escorregar de barriga no arco-íris! ...93   Sou uma bomba armada. ...95   Nenhuma surpresa nos olhos dele: o pai conhece as marcas no corpo da filha. ...98   O corpo entende que precisa chorar. ...99   Odeio rosa. ...100   Sinto culpa por ter uma parte de mim tão feliz. ...102   Plano de ação. ...102   Adeus, Stonehenge. ...107   É difícil olhar a pilha de mato mais marrom a cada dia. ...109   O carro está na garagem mas a pressa me distrai. ...110   O que eu faço o que eu faço o que eu faço? ...115   A Amanda ama o pai dela, eu sei. Mas agora acho que ela precisa aprender a se amar mais do que ama ele. ...116   Se eu pudesse voltar o relógio. ...117   Penso no canto do pássaro e na Amanda que voa alto alto até sumir. ...120   Uma fresta de luz na janela. ...123   Dizem que de coisas ruins podem nascer coisas boas. ...123

Meus pais têm um jeito de terminar qualquer discussão nossa com um pedido de desculpas.

•

Faz 24 horas que tenho catorze anos. Em menos tempo chegaremos ao novo endereço carregando nossa antiga casa desmontada e entulhada em 126 caixas de papelão. E agora esse enjoo me dá vontade de morrer, é da fumaça do caminhão ou do beijo? Ontem dei meu primeiro beijo. De língua. Na hora achei boa ideia, até sentir a coisa molhada, nojenta, meio mole meio empurrando-invadindo minha boca, minha língua fugindo para não encostar. Meu deus, o que é isso, para que sofrer assim? Péssima escolha logo nas minhas primeiras horas com catorze anos. Deu vontade de sair correndo e lavar, secar a boca toda por dentro. Lembrei de quando fui no barco *viking* do parque de diversões, morro de medo de altura e passei cada segundo prometendo nunca mais sofrer tanto por uma. Minhas amigas tratando a situação como um presente de aniversário maravilhoso. Elas não sabem de nada nem devem gostar de beijar. Quem vai gostar daquilo? Nossa, que enjoo, acho que agora não aguento. "Mãe, abre a janela, por favor, preciso de um ar." Ela abre, a fumaça do caminhão vem com tudo, não sei se é o cheiro da fumaça ou a raiva da mudança, mas o enjoo piora.

Estamos seguindo o caminhão de mudança do Rio de Janeiro para São Paulo. Pela fresta da janela, entra um vento quente misturado com a fumaça do caminhão, minha mãe não suporta ar-condicionado. Cada vez que um pedaço de cabelo dá uma chicotada nos meus olhos, eu amaldiçoo ela mentalmente. Nem saímos do Rio e já estou sem criatividade para variar os xingamentos.

Todas as minhas amigas beijaram pelo menos uma vez. Selinho não conta. Selinho até eu já dei alguns. Eu meio que gostava de um menino — outro, não o que eu beijei (sei que não faz sentido) — mas ele nem sabia da minha existência. Uns dias antes do fim das aulas cruzei com ele no corredor de cima na escola, passei o ano inteiro fazendo uma volta maior para dar uma olhadinha na sala dele; a minha ficava no andar de baixo. Achei que ele vinha sorrindo para mim, correndo na minha direção, comecei a sorrir de volta, e então assustei, ele pulou e me deu uma cotovelada no ombro, quase caí, pegou uma bola que veio voando não vi de onde e, antes de comemorar ter agarrado no ar, deu uma meia-volta e falou "desculpa aí", nem sabia meu nome, nem olhou na minha cara, deve ter visto um borrão de aparelho nos dentes, acho que eu ainda estava sorrindo nessa hora, foi tão rápido e ele já tinha desaparecido para dentro da última sala antes das escadas. Sem outra saída para descer e chegar na minha aula que àquela hora já estava começando, continuei pelo corredor segurando o ar como se isso me ajudasse a passar invisível na frente da porta. Ouvi uns risinhos, dele e dos amigos, e foi como levar cem ferroadas de abelha ao mesmo tempo.

Meu aniversário foi também a minha festa de despedida. A mãe da Joana ofereceu a casa, somos amigas desde o jardim de infância. E foi na festa que as meninas me convenceram: seria o momento perfeito para beijar. Acho que elas queriam mais aquele beijo do que eu. Que enjoo, essa fumaça de caminhão vai me matar, por que seguir o caminhão?, minha mãe e as manias dela, tem que ficar de olho na mudança o caminho todo.

Minha mãe fala: "Respira, Malu". "Ai, só me falta você com virose no meio dessa mudança!" É sempre igual quando eu fico doente, ela reclama, fala do trabalho que vou dar, que ela não tem tempo para essas frescuras, com tudo o que está acontecendo na vida dela agora (seja quando for). Chego a me sentir culpada quando fico doente. Como se alguém tivesse culpa por pegar um vírus que está voando pelo ar. Depois ela acaba cuidando bem de mim. Faz chá, me cobre, só não limpa vômito, nem a pau. Isso é com meu pai. Nossa, que enjoo. Mas eu não estou com virose. Acho que estou com medo. Só não vou admitir. Deixa ela pensar que é virose e ficar sofrendo com o trabalho que acha que vai ter. Por alguns segundos me esqueço do enjoo, fico vidrada no brilho das unhas dos pés dela. A unha do dedão brilha tanto que chegando bem perto seria possível ver meu reflexo no espelho de esmalte vermelho. Minha mãe tem essa mania de pôr os pés para cima, apoiados no painel, quando viajamos de carro. Percebo que ela mexe o dedo do meio, só no pé direito, alguns milímetros para cima, como se o dedo levasse um sustinho, e abaixa. Daqui a pouco outra vez. Tento encontrar um ritmo e mesmo achando que não tem continuo procurando. Qualquer coisa para me distrair do enjoo. Saio do transe com um tranco do cinto de segurança e meu pai xingando alto. O caminhão freou com tudo. Mas ainda não chegamos. Falta muito.

Preciso passar pelos quilômetros de enjoo que tenho pela frente, então, puxo o assunto do meu irmão. Eu não deveria. Falar nele é pedir patada. Me dou bem com meu irmão, só não posso ter opinião sobre qualquer assunto que tenha a ver com ele. Sabe o filho coitado? O filho coitado é aquele que não tem nada de coitado mas tem sempre alguém falando: "Coitado!". Na minha família é ele. Coitada de mim, isso sim. Não tenho outro assunto, vou viver perigosamente: "Mãe, por que o João pode ficar no Rio e eu tenho que mudar pra São Paulo, não quero pegar o sotaque idiota dessa cidade". "Ai, Malu, deixa de ser boba, paulista não tem sotaque." Meu pai ri, eu também. Minha mãe é paulistana, meu irmão também. Eu e meu pai somos cariocas, e minha mãe acha que

São Paulo é o único lugar do Brasil que não tem sotaque. "É neutro", ela diz. "Verdade, é bem cinza", eu digo. "É que São Paulo é o centro do mundo, né, mãe?" Ela me corta: "Ai, para, você tá chata demais, não tenho saco pra esse mau humor adolescente". Eu: "Você também estaria mal-humorada se tivesse que mudar de cidade, de escola e ficar longe das suas amigas (se tivesse alguma)".

Ela bufa. Eu continuo enjoada. Meu irmão nasce na cidade cinza e quem vai ter que morar nela sou eu. Ele fica lá com todo o meu mar, o meu verde. Com o meu sol. Tá, o sol não é meu, nem o mar e nem o verde. Mas é como se fosse, amo tanto aquele lugar. Então me arrisco mais uma vez: "Mas por que o João pode morar com a vovó, e eu não?".

Ela diz que a vovó não aguenta o meu gênio e emenda: "E você queria que seu pai e eu ficássemos sozinhos, queria que a gente ficasse sem filho nenhum em casa?". Preciso aprender a pensar em silêncio, mas ainda não foi dessa vez: "Ué, mas eu não sou bicho de estimação pra fazer companhia, mãe!". Meu pai solta o clássico "Maria Luísa, tá passando do limite!". Eu: "Credo, pai, não falei nada". Ele: "Falou, sim, respeita sua mãe". Eu: "Saco!". Ela: "Você tem que entender que seu irmão está num momento delicado. Ele tá namorando, tem muitos amigos lá e já tá no último ano da escola, não faz sentido mudar agora".

Olha aí o filho coitado.

Insisto: "Mas eu ouvi você dizer que se ele quiser fazer faculdade no Rio vai poder. Vai?". Meu pai: "Se ele passar em alguma pública...". Aperto mais um pouco: "Mas e se ele não passar?". Ela fica tão irritada que abaixa os pés pintados de vermelho e se torce toda para me olhar: "Sua avó se dá bem com ele, minha filha, o que você quer que eu faça? Se você não fosse tão respondona, talvez mais gente gostasse de você". Começo a soltar um palavrão que fica pela metade, meu pai corta antes que eu termine. Com dez anos falei um palavrão na mesa do almoço e eles me fizeram lavar a boca com sabão. Foi a única outra vez na vida, antes do beijo, que tive vontade de secar a boca por dentro. Meu irmão nunca precisou lavar a boca com sabão. E ele não economiza: oito palavrões a cada dez palavras.

Meus pais têm um jeito de terminar qualquer discussão nossa com um pedido de desculpas: meu.

・・・・・・

Acho que minha mãe gosta mais do João do que de mim.

・

João, o filho coitado. Um jovem surfista com o cabelo esturricado de parafina e sol (pensei que essa moda estivesse enterrada). Come de boca aberta e tem a mania

irritante de cutucar os cantos das unhas o tempo todo.
Está sempre cansado de tanto descansar. Coitado. Ver o
João comer um prato de comida impressiona, parece que
ele não come faz uma semana e você acaba querendo
deixar mais para ele. É muita fome. Coitado. Dá raiva
porque ele come assim e continua um palito. Coitado.

    Meu pai. Usa sandália de couro com fivela. Sempre
com meia. Acho que já é informação suficiente para
ter uma ideia da minha situação. A pessoa que vê um
arranjo desses pensa: ele só pode ser um cara legal. É o
que a gente acha quando vê essa combinação, não é?
O nome dele é Reinaldo. Jornalista. Sandália com meia
não combina com babaquice, é coisa de gente contra o
sistema. Mas, por outro lado, sandália com meia não
combina com nada. Parece um cara mais para socialista.
Mas não é.

    Minha mãe, a magra. Será que toda Marga é magra?
Marga é apelido de Margarete, mas ela só gosta de Marga
("é mais enxuto"). A minha Marga é magra. Logo eu, uma
pessoa que se irrita com trocadilho idiota, como fui ter
uma mãe que é magra, que só pensa em ter filha magra,
menina magra, magra magra magra e se chama Marga!
É pesado. Ou eu poderia dizer que sou pesada demais
para o padrão da Marga. O padrão dela é magro, não
cabe muito: beleza para ela é algo bastante específico,
tem umas cinco ou seis características essenciais que não

podem faltar para uma menina ser bonita, a principal: magreza. Homem é diferente, o que conta é charme. Será que minha mãe acha um charme a sandália com meia do meu pai? Meia branca!

●●●●●●

Vou ter que engolir tudo o que sinto sobre essa mudança.

●

Rua Gerona, 255. A casa alugada de um homem baixo. Acho o homem baixo em todos os sentidos. Comento. Meu pai: "Deixa de ser petulante, menina". O homem: baixinho, cara fechada, orelhas desproporcionalmente pequenas, fossem enormes e ele passaria fácil por um duende de *O senhor dos anéis* dublado em português com sotaque paulistano. Um bafo nojento. Quando chega perto me cumprimenta com um apertão na bochecha: "Que boneca!". Meus pais dão uma risada forçada. Vejo bem quando ele me examina de cima a baixo, que nojo, se liga, tiozinho. Entrega as chaves, deseja boa sorte na cidade nova e vira as costas. Digo que ele ficou me olhando, e minha mãe: "Não viaja, Malu". Ela não viu nada daquilo. E meu pai acha que invento história para chamar a atenção.

Nenhum cheiro conhecido na casa, só os cheiros velhos de alguém, abandonados sabe-se lá há quanto tempo dentro de uma casa fechada. Alguém me ajuda? Sinto nojo da casa nova, mas na verdade é o nojo do homenzinho que contamina minha primeira impressão.

•

Não conhecia nenhuma rua de um lado só até chegar aqui. É sem saída também. Quando a gente entra na rua, vê as casas todas do lado direito. Do outro lado tem um terreno comprido, uma confusão de mato baixo, campinho de areia, matagal tipo selva e uma fileira de pinheiros escondendo um alambrado que faz fronteira com uma fábrica de tecidos. O dono da rua é um vira-lata preto e peludo que dorme bem no meio do caminho para quem os carros precisam pedir licença, todo mundo com medo de um dia atropelar sem querer o tapete canino. Ainda estou achando tudo estranho. Faltam duas semanas para começar as aulas e parece que não tem ninguém por aqui além do vira-lata. Mas pode ser que o problema seja eu: não pisei na rua desde que chegamos. Meus pais resolveram aproveitar para pintar a casa por dentro (uhu!) antes de colocarmos as coisas no lugar. Faz dias que estou suja de tinta, então claro que não botei a cara para fora.

 A casa tem um quintal pequeno na frente. Na verdade, é uma garagem descoberta com um portão baixinho igual de casa antiga (bom, a casa *é* antiga) e nosso carro fica estacionado na rua para deixar o espaço livre.

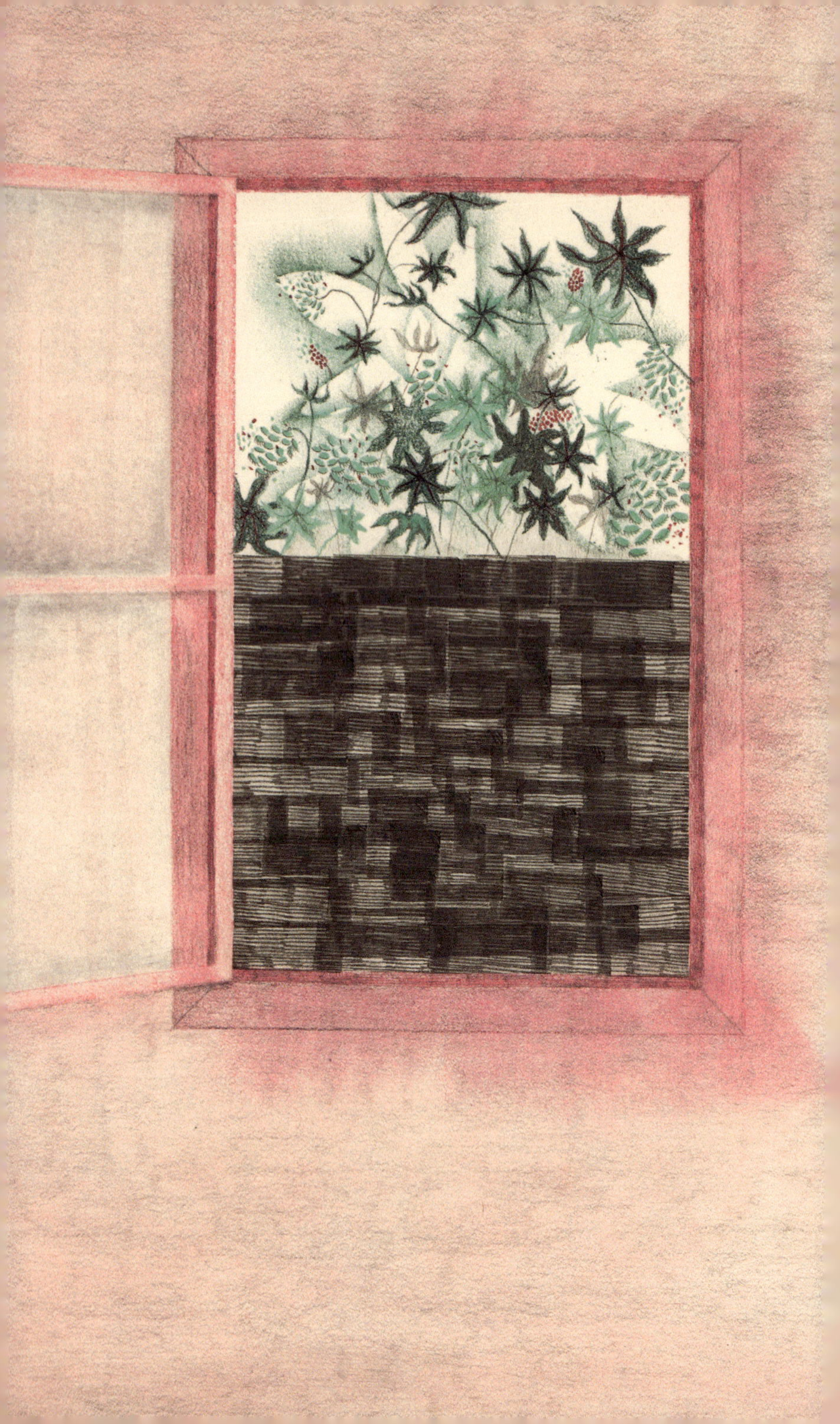

Contornando a casa tem um corredor estreito e no fundo um miniquintal com um abacateiro e um canteiro seco embaixo da janela do meu quarto. Olho para o canteiro sem prestar muita atenção, mas vejo que tem alguma coisa brotando no meio da terra dura. Só consigo pensar em como vai ser o primeiro dia de aula. Fui conhecer a escola mas não tinha gente, só a pessoa que mostrou o lugar. O uniforme é laranja. Vou parar por aqui.

••••••

Encaro meu reflexo na janela antes de sair do carro. Não me reconheço.
•

A escola é pequena, todo mundo se conhece, tem uma menina, ela vem me receber na porta, acho que é uma menina, só consigo ver um cabelão comprido, vai chegando perto e... socorro, que susto!, ela tem cabeça de cavalo! O quê? Meu coração dispara, vou fugir mas "a cavalo" já me segurou e vai me empurrando, vejo uma rodinha de meninas, acho que são meninas, elas não se viram, então não consigo ver se também têm cabeça de cavalo — elas têm cabelos longos, soltos e bonitos, de várias cores (cabeleiras ou crinas?) —, meu Jesus, que medo, onde eu tô?, a cavalo fala alguma coisa que eu não entendo, então ela me empurra para dentro de uma sala onde estão várias pessoas — com cabeça de cavalo, lógico

— sentadas em roda (sempre achei que cavalo não sentava de perna cruzada, mas claro, esses têm corpos humanos, dá para sentar cruzando ou descruzando, tanto faz — e com os problemas que tenho no momento, a constatação de que cavalos sentam de perna cruzada não parece tão importante), a roda abre um espaço para nós, começam a girar uma garrafa que está no meio, dão gritinhos animados quando a garrafa para, então dizem mais coisas que não entendo e dois cavalos se beijam no meio da roda (acho que beijo de língua, taí outra coisa que eu não sabia sobre cavalos), a garrafa é girada mais uma vez e aponta na minha direção, a cavalo que me levou até a sala puxa um coro, não entendo, algo como *rruum rruum rruum rruum rruum rruum*, enquanto batem os pés como cascos no chão, o ritmo acelera, vem vindo um cabeça de cavalo fazendo beiço de beijo na minha direção, começo a dizer que não, não estou pronta para beijar, acabei de chegar, socorro, não quero beijar um cavalo, socorro, não!, viro o rosto para fugir do beiço, vejo meu reflexo e

•

A escola é pequena, todo mundo se conhece. Socorro. Na rampa de entrada que sobe do portão até um pátio conto onze meninas. Pelo jeito delas parece que todas são do 9º ano. Não sei o que fazer com minhas mãos, não sinto elas normais, entro em pânico quando me lembro do sonho de ontem. E se a cavalo sou eu, com cascos no lugar das mãos, e em dois segundos vai começar uma gritaria quando me virem trotando rampa acima? Calma. Tem um grupo de meninas bem no meio da rampa e fico alguns segundos empacada decidindo o jeito de passar sem ter que atravessar o círculo de onde pulam as risadas delas, que se conhecem e sabem toda a graça de cada piadinha que não faz o menor sentido para mim. Me aperto entre uma mureta baixa e as meninas que estão numa das laterais da rampa. Péssima escolha para contornar aquele pesadelo de cabelos. Vou atolando o tênis no canteirinho enquanto me espremo entre as costas delas e a mureta. Elas sentem o incômodo da passagem forçada pela minha mochila e fincam os pés para não ceder centímetro algum e, mesmo com todo o esforço para não dar um passo à frente, fingem não perceber minha presença. Tenho vontade de gritar. Não grito, falo baixo: "Oi, dá licença". Duas se viram com a cara azeda e sem uma única palavra voltam para a rodinha fechada delas. É como se eu deixasse de existir no momento em que me dão as costas. Mas continuo aqui. E até agora, mesmo com os tênis enlameados logo na chegada, tudo vai melhor do que no sonho das cabeças de cavalo.

    Queria que o João estivesse aqui. Na outra vez que mudei de escola ele estava comigo.

•

Amanda é o primeiro nome da chamada. Das meninas da classe é a única que olha na minha direção e parece que me vê. Até sorri. Estou aqui faz uma semana e ainda não falei mais do que oi e tchau. Talvez eu tenha falado baixo demais e por isso ninguém respondeu. Até agora também não ouvi a voz da Amanda. Ela está sempre com duas meninas. Fico de longe observando o grupinho quando elas estão distraídas, tentando descobrir que tipo de sorriso ela me dá. Ela é bem mais alta do que eu, parece mais velha. Já reparei que nosso caminho de volta da escola para casa é o mesmo. Durante a primeira semana de aula vejo quando ela vira as esquinas na minha frente algumas vezes. Mesmo assim ainda não aconteceu de estarmos perto e andarmos juntas, vai rápido a compridona, parece que tem pressa de alguma coisa. Deve ser fome. (Eu saio oca da escola.) Ou está fugindo de mim. Não vou forçar o passo e acelerar para alcançar a grandona, vai ficar na cara que estou desesperada para conhecer alguém nesse lugar.

•

Chegou minha vez. Hoje tem apresentação de trabalho. Me sinto em um filme ruim de *high school* americano quando deixo cair todos os lápis que tenho no estojo assim que a professora me chama para ir na frente ler minha redação. Claro que dão risada. E quem já assistiu a uma quantidade suficiente desses filmes (uma vez e meia e já dá para entender que acontece sempre a mesma coisa e do mesmo jeito) sabe que a Amanda vai pegar meus lápis comigo enquanto sorri compreensiva me olhando nos olhos sem precisar dizer nada, nascendo nesse momento uma grande amizade. Sinto decepcionar. Ela nem se mexe na cadeira. Mas pelo menos não ri também. E na hora da saída ela vem correndo: "Oi, tudo bem, quer andar junto pra casa? Somos vizinhas". Eu: "Aaah, tá". (Como se eu não soubesse. Vejo suas costas todos os dias, garota.) Ela: "A minha casa é no fim da rua, naquele pedacinho sem saída, te vi no dia da mudança". Eu: "Ahã". Ela: "Vocês mudaram pra casa que é do seu Arnaldo, né? Ainda bem que ele não mora mais lá, sempre pegava ele de olho na minha bunda quando eu passava em frente. Nojento, fingindo que estava lendo o jornal e só de olho...". Eu penso: isso! Alguém viu o homem baixo sendo baixo, não foi coisa da minha cabeça.

    Ela não riu do meu vexame na aula e veio falar comigo, também se irrita com esses caras velhos que ficam de olho em menina: já tá valendo fazer amizade. Na segunda semana de aula acontece de voltarmos juntas quase todos os dias e logo vira a rotina de voltar para casa. Ela me conta umas coisas da escola, de como são algumas pessoas da classe. Conto um pouco sobre a mudança: meu irmão que ficou no Rio e eu que também queria ficar.

Passou um mês, mas parece muito mais, a conversa flui como se fôssemos amigas de muito tempo, não dá vontade da gente se despedir até amanhã. Ela é filha única, presta atenção quando a gente fala, gosto do jeito dela. Acho que ela também gosta de mim. Minha casa é a primeira no caminho, convido ela para entrar: "Quer almoçar e fazer a lição?". Não pode, tem que chegar em casa e ligar para o pai no trabalho às 12h45.

Se tem celular, por que tem que chegar em casa para ligar do fixo?

Eu: "Tudo bem, até amanhã, então".

Ela: "Até".

・・・・・・

Conversar com a Amanda me faz muito bem.

・

Desde o momento em que decidiram mudar para São Paulo eles estão assim. Meus pais brigarem não tem sido novidade, mas fico interessada nessa briga quando escuto as palavras "Rio" + "quer" + "voltar", soltas no meio de outras que não consigo entender. A gente mal chegou aqui, será que já vamos voltar? Tomara, tomara, tomara. Não quero ficar aqui, quero voltar para a minha cidade, para o meu mar. Finjo que vou buscar qualquer coisa na cozinha para ouvir melhor e só encontro decepção, não era nada, só drama, aparentemente. "A gente nem tem dinheiro pra fazer outra mudança, muito menos pra se separar, Reinaldo", escuto minha mãe dizer.

Me entendo melhor com meu pai, minha mãe é dura. Mas acho que essa dureza ainda segura nossa família. Ela esfria meu pai quando ele esquenta demais a discussão. Ela tem esse jeito mais seco mas tem os pés bem plantados no chão, como ela diz. Com as unhas pintadinhas de vermelho, claro. Preciso respirar, vou dar uma volta na rua e, sem perceber, vou chegando no portão da Amanda.

Ela está se despedindo de um menino na mesma hora em que me vê: "Oi, Malu, tá tudo bem?". Antes de mais nada comento sobre o menino, bonito ele... É um amigo dela que voltou a morar aqui depois de um tempo em outro país, mas ela desvia para mim o assunto, percebeu minha cara triste.

Não me assusto mais quando escuto os meus pais falando em separação. Acho até que seria melhor para mim. Mas sei que não vai acontecer. Eles se estranham mas depois se entendem lá do jeito deles. É, nada de mar para mim.

••••••

Parece a corcunda de um golfinho mergulhando no mar em dia sem sol.

•

Acho que a Amanda me pegou reparando porque comentou que tinha vergonha enquanto colocava o cabelo atrás da orelha mais de uma vez antes dele escorregar e cobrir tudo como uma cortina brilhosa, menos aquela pontinha da orelha que teima em ficar pulando para fora. Tem seu charme.

Meu nariz é torto. Desvio de septo. Segundo minha mãe, fui feita com um nariz perfeitamente simétrico e a culpada por ele ter entortado sou eu com minha mania de passar a mão no nariz o tempo todo. Rinite alérgica. Ainda bem que não preciso usar óculos, nenhum encosta igual nos dois lados do meu nariz. A Amanda usa óculos. Tipo aquele do John Lennon, redondinho.

• • • • • •

Quando a Amanda abre um sorriso, parece que sorri com o corpo inteiro.

•

Ela conhece tudo, assistiu a 35 documentários e vive cantarolando alguma música dos Beatles. Viciei e já tenho uma *playlist* (que não para de aumentar) com as minhas preferidas. Do jeito que estamos indo, até o fim do ano serei especialista.

Já convidei a Amanda muitas vezes para vir em casa. Ela não vem. E sei que ela gosta de ficar comigo. É estranho. O que tem de errado em vir na minha casa? Será que ela não foi com a cara da minha mãe? Minha mãe até foi simpática quando conheceu ela.

A gente sai da escola dividindo o fone para ouvir "She Loves You" e volta a música umas cinquenta vezes porque sempre tem alguma coisa para comentar, aí a gente esquece da música e fica falando, e depois lembra que quer ouvir do começo ao fim para cantar junto. *She loves you yeah yeah yeah...*

Me acostumei a conversar o resto da tarde depois de fazer a lição, sempre na frente da casa dela. Ela deve me ver pela janela: quando chego no portão nem preciso chamar, ela sai por uma fresta da porta que só dá para passar o corpo e vem sorrindo até sentar toda vez no mesmo ponto da calçada. Eu até já conheço a sombra que a árvore faz sobre nosso pedaço da calçada a essa hora do dia. Também já conheço a mancha avermelhada no chão de cimento onde a Amanda parece se encaixar quando senta. Cada vez mais sinto que com ela posso falar de tudo.

Minha mãe, mais vezes do que eu gostaria: "E essa menina não tem mãe? O pai dela é bem esquisito, né?, não fala com ninguém na rua".

Sei que a Amanda mora só com o pai e logo percebi que ela não fala da mãe. Acho que elas não se dão bem. Eu, se tivesse os pais separados, ia preferir morar com meu pai também. De preferência no Rio. Minha mãe podia ir para lá às vezes e a gente se via nas férias. Será que a Amanda vê a mãe dela todas as férias? Bom, se ela não gosta de falar da mãe não vou ficar perguntando.

Parece mesmo que somos amigas faz muito, muito tempo, ainda mais nos vendo todos os dias, mas tem muita coisa que ainda não sabemos uma da outra.

A Amanda nunca me convida para entrar.

••••••

Perdi a primeira aula. E a segunda também.
•

Hoje está mais quente do que verão do Rio. Acordei suada mas fiquei com preguiça de tomar banho. Depois me arrependi. Fui me arrastando e, quando vi a paineira da pracinha, joguei a mochila e desmontei na sombra para dar um tempo. Era só para refrescar e não chegar com duas rodelas de suor no sovaco igual à professora de Inglês, mas acabei me perdendo no celular, não consigo parar de olhar as fotos das minhas amigas na nossa antiga escola, no canto da praia que a gente gostava de se encontrar... Passa um carro igual o do meu pai e o gelo que sinto na espinha me bota correndo de volta no caminho; se minha mãe descobre esse atraso me esfola, ela e meu pai estão se matando para pagar escola particular. Pior ainda se ela descobre que passei desodorante por cima do sovaco noturno e fui para a aula sem banho.

Até que foi fácil entrar na escola sem ser notada. Tinha uma confusão na porta, um cara gritando com a diretora e com a professora de Educação Física. Peguei palavras soltas: uniforme, insetos, absurdo, mudar, escola, respeito, abuso, alergia. E umas quinze vezes a palavra calma repetida por uma das mulheres.

Ufa, entrei na sala. Daqui a pouco toca o sinal do intervalo, a segunda aula que perdi foi a de Educação Física, ainda bem, a professora estava lá toda enrolada na briga e nem viu quando cheguei. Vou direto falar com a Amanda. Ela tem os óculos embaçados, mas chegando perto vejo que não é só calor que escorre pela bochecha, ela também chora, parece que vai explodir de tão vermelha. Vai socando o material dentro da mochila e sem levantar os olhos me diz que a gente se fala depois. "Malu, preciso ir, meu pai tá com pressa." Vou atrás: "Espera, Amanda!". Mas ela já desceu quase toda a rampa em direção ao portão. Do alto vejo a Amanda passar, com a cabeça baixa, pela confusão na porta da escola; entra no carro como se fosse uma criança pequena que fez coisa muito errada e está com medo da bronca. O homem ainda berra mais um pouco e então vira as costas enquanto as duas mulheres tentam explicar alguma coisa. Ele também entra no carro, bate forte a porta e sai acelerando muito, muito mais rápido do que indica a placa de velocidade na frente da escola.

Ah. Então esse é o pai da Amanda.

•

Toca o sinal. Espero aquele rio de gente que brota das salas ir se espalhando, invadindo todos os cantos do pátio, e entro para pegar uma fruta na mochila.

Escuto duas vozes no corredor e uma delas fala o nome Amanda. De dentro da sala fico atenta e consigo montar duas coisas com os pedaços de conversa que posso escutar:

1. a) A Amanda não quis tirar casaco trocar calça por bermuda professora quis emprestar para aula Educação Física ao ar livre na praça frente da escola.
   b) Desmaiou meio da aula.
   c) Chamaram pai e professora quis conversar sobre jeito da Amanda se vestir coberta por medo insetos nesse calor infernal verão.

2. a) Professora: furiosa com pai Amanda.
   b) Diretora: acalmando professora.
   c) Menina não tem mãe.
   d) Pai ele ainda sofre muito criar menina sozinho mas que já melhorando pouco.
   oi?) Quando viúvo menina faltando sempre.

Espera. Os pais da Amanda não são separados. A mãe da Amanda morreu?

......

Estou culpada por ter mãe.

•

Não vou encontrar a Amanda na calçada hoje. Saber que ela não tem mãe me deixou sem jeito de começar qualquer conversa. Não foram poucas vezes que reclamei da minha mãe na frente dela, a Amanda sempre com um sorrisinho sem graça. Está explicado por que ela nunca soltou um: "Ah, minha mãe também me enche o saco toda vez quê". E agora eu falo com a Amanda sobre isso ou não? Pergunto? Acho que não devo falar primeiro dessa coisa que é tão dela, melhor deixar para ela falar se quiser. Vou fingir que não sei, alguma hora ela vai me contar. Eu conto tudo para ela.

•

No dia seguinte a Amanda não aparece na escola. Volto sozinha para casa pensando: bom, hoje vou na calçada, será que ela está bem? Ela chega andando meio sem graça, fica um clima estranho, parece até que nunca nos falamos. Os olhos estão inchados, avermelhados, e ela diz que está com alergia por causa do pó de um armário que o pai dela lixou. Me parece desculpa esfarrapada. Ela não dá um único espirro. E olha que de nariz eu entendo. Minhas amigas pedem lenço de papel com a certeza de que sempre tenho um extra no bolso. Acho que nunca passei um dia inteiro sem espirrar. Bom, mas vai que a rinite dela é diferente da minha... Deixa pra lá.

Puxo um assunto besta sobre a lição de casa e quero ver se a Amanda fala alguma coisa do pai dela fazendo escândalo na porta da escola, qualquer comentário que dê motivo para falarmos de coisas de família, posso falar da minha mãe e ver se ela fala da mãe dela...

Nada.

......

Hoje acordei com uma flor na escrivaninha.
•

Tem horas que ela parece de pedra mas também faz essas coisas. Aprendi com minha mãe a dar valor aos detalhes. Uma flor sobre a mesa, pode ser em copo de requeijão, uma flor muda tudo. É bom morar numa casa limpa e cheirosa. Ela cuida muito bem da nossa casa. Ela tinha uma cafeteria, era bem legal, eu e meu irmão gostávamos de ajudar no balcão. Mas o café começou a morrer quando abriu uma padaria daquelas gigantes na mesma rua, tipo um *shopping center* de pão. Pior que foi pouco antes do meu pai sair do jornal. Coitada da minha mãe, ela adorava o trabalho, acho que deu uma pirada quando fechou o café. Não vejo a hora dela encontrar um novo trabalho. É bom ter roupa lavada e passada para vestir, lençol sempre perfumado, mas outro dia cheguei em casa e peguei ela passando ferro na cama forrada para tirar as marcas de noite dormida. Tem gente que vai dizer: não tem nada de mais e isso é carinho, é cuidado. Mas eu achei bizarro. E queria dela um cafuné, um abraço apertado. E que ela estivesse feliz. Mesmo que a roupa ficasse amassada. Por mim tudo bem.

· · · · · ·

Mensagem da Amanda: iniciando projeto brigadeiro. vc pode vir agora aqui no portão de casa?

·

Quero passar as próximas férias no Rio enquanto minhas amigas de lá ainda lembram que eu existo. Ninguém conta nada, só postagem idiota, as meninas fazendo beiço para câmera sempre no mesmo ângulo; o cenário, indiferente. Talvez se eu não usasse aparelho também fizesse foto com beiço, mas toda vez que tento ensaiar no espelho tenho um ataque de riso. Lembro do beiço da cabeça de cavalo vindo me beijar no sonho. Ui.

O pior do aparelho nem é atrapalhar foto, é não conseguir morder maçã, o que dá um pouco de raiva porque é minha fruta preferida. Carrego uma faquinha de criança na lancheira: humilhante. Minha mãe não me deixa carregar uma faca de verdade.

Chego no portão, a Amanda me entrega uma sacola pesadinha, dentro tem três latas de leite condensado: contribuição para o meu empreendimento. Aquele menino bonito passa e dá tchau de longe. Ela dá risada e diz que ele está com vergonha de mim. Continua: "Senão ele já tinha vindo aqui, a gente mal se falou desde que ele chegou, tem muita coisa pra contar". Pergunto de onde ele chegou e ela diz: "Ih, Malu, tenho que entrar, daqui a pouco meu pai chega. Depois eu te apresento o Enrico, ele é bem legal, tchau, a gente se vê depois do feriado!".

A Amanda sabe tudo do meu plano para ganhar dinheiro e comprar passagem para o Rio nas férias. Quero aparecer lá de surpresa mas ela acha melhor ligar antes para minha vó. Não sei, é a cara da velha inventar uma reforma no apartamento só para não me receber, melhor chegar de supetão, assim ela não tem tempo de pensar. A Amanda acha que é exagero. Mas ela não conhece minha vó, talvez seja melhor combinar logo de ficar na casa da Joana.

Brigadeiro para vender na escola vai ser contrabando, não pode vender nada lá. Estou um pouco nervosa, mas para passar as férias no Rio vale o risco. Meus pais já disseram que não têm dinheiro, ficou apertado com a mudança.

A Amanda faz as compras na casa dela. Tudo *on-line*. A entrega é sempre no sábado, quando o pai dela está em casa, assim ela não tem que falar com "os outros", as pessoas que vêm entregar a compra. Comento alguma coisa sobre isso com minha mãe. Ela acha o fim do mundo alguém gastar dinheiro com taxa de entrega de mercado. Ela: "Esses mercados que entregam são sempre os mais caros". Eu: "Mas o pai da Amanda tem grana, bem mais do que a gente". "Tá reclamando do quê, Malu, o que é que tá faltando?" "Credo, mãe, só comentei, é verdade que eles têm mais grana do que a gente, qual o problema?"

Eu sei qual é o problema, o problema é que unhas perfeitas são o cartão de visitas de uma mulher que se cuida, palavras da minha mãe repetidas à exaustão, uma espécie de mantra a cada abertura da toalhinha desbotada que ela usa para apoiar pés e mãos enquanto lixa as unhas. É a morte para ela ter que fazer as próprias unhas. Um *status* mínimo que ela esperava manter na vida: garantir as unhas feitas em salão uma vez por semana. Não dá. Então ela investe horas no cuidado com as unhas para não deixar ninguém perceber a solução caseira.

••••••

Então o nome dele é Enrico.

•

Nome bonito... será que ele e a Amanda...? Não, ela teria me falado. Acho que ele mora aqui na rua também, só não sei qual é a casa. Ele vive andando com um garoto alto que chuta bola o dia inteiro no campinho de areia. Estou no quintal pensando em como é bonito o menino de nome bonito e levo um susto com o garoto alto da bola entrando na casa que é colada na minha, como eu não tinha percebido que ele é meu vizinho de parede ainda não sei. Fico olhando para ver se o Enrico está junto. Não está. Desse aqui ainda não sei o nome e não vou perguntar agora que estou com vergonha. A gente só fala oi e tchau.

· · · · · ·

Agora é que morro de fome mesmo.
·

Meu pai chega da rodoviária com o João, primeira vez que ele vem visitar depois da mudança, tem feriado prolongado. Até ele chegar eu não tinha percebido como estava com saudade.

A saudade quase acaba quando minha mãe pede: "Filha, ajuda lá seu irmão a arrumar a cama, ele tá cansado da viagem. Coitado. Vamos jantar. Filha, vem pôr a mesa. O João tá cansado. Coitado". Ele conta de uma briga na escola porque um garoto olhou fixo para a namorada dele, estamos os quatro sentados, fazia tempo, a pessoa pensa que podia ser um jantarzinho mais caprichado, na mesa tem um prato com quatro filés de frango grelhados e uma salada, respiro fundo, sei que vou sair dessa mesa com fome, preciso focar em outra coisa e pergunto: "O que tem olhar?". O João não gosta da pergunta e meu pai diz: "É isso mesmo, tem que se

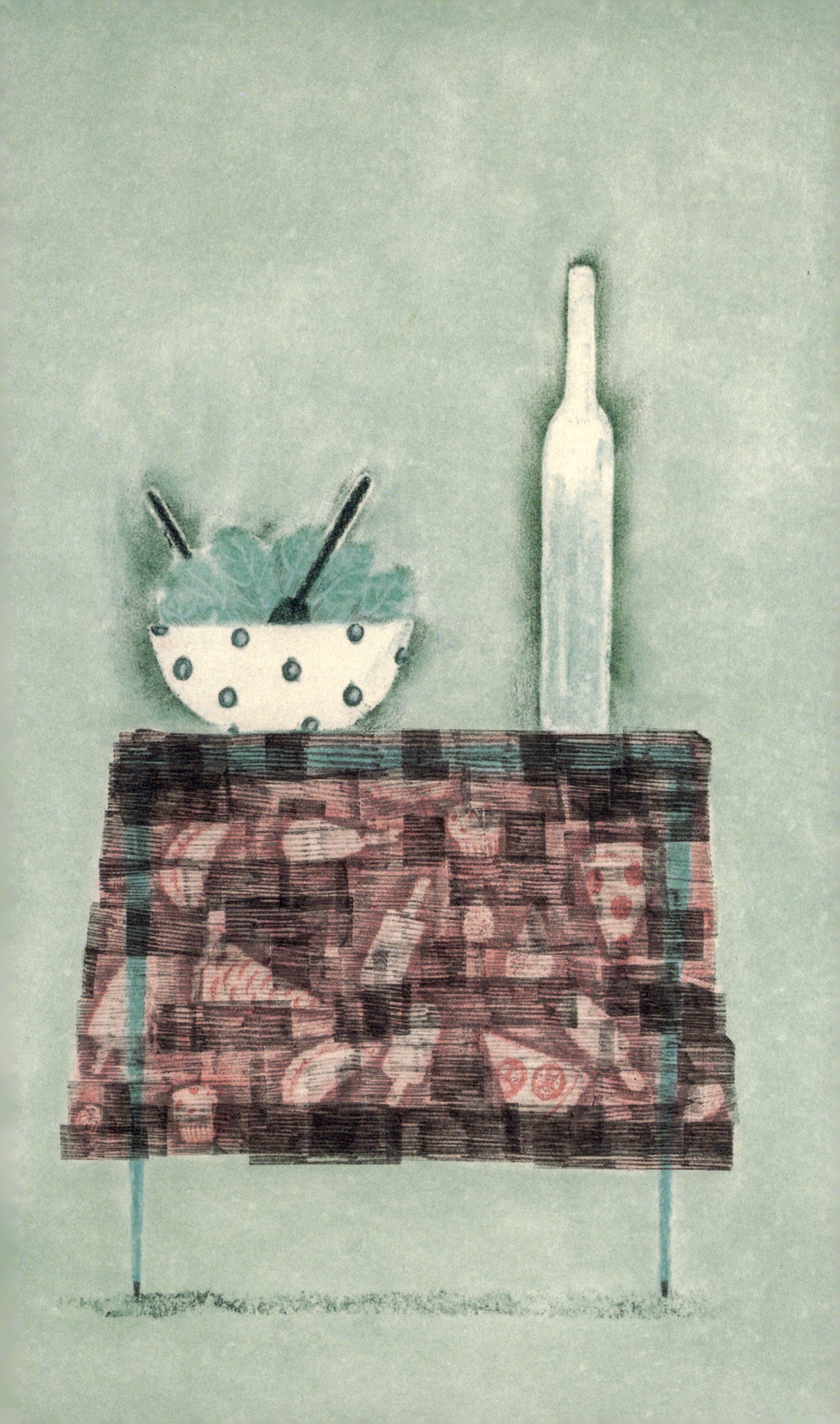

impor, não com violência, mas também não vai levar desaforo pra casa". Já sei o que acontece se eu falo o que penso, tento exercitar o pensamento silencioso para não gastar energia nem ficar com mais fome ainda. Mas será que ninguém vai falar que isso é comida de dieta, que vamos ficar com fome? Como pode uma mãe que tinha um café não pensar em servir umas guloseimas na própria casa? E o João-esfomeado, ele deve ter comido um x-tudo na parada do ônibus, não tem outra explicação. Não aguento mais pensar em silêncio. Enquanto pego o magro filé de frango que me pertence, digo: "Mas 'não levar desaforo pra casa' não significa ser violento, pai?". Sobremesa nem pensar. Aí o João: "Malu, você acha que eu vou deixar um babaca qualquer pegar minha namorada?". Que preguiça, mas tenho que responder: "Escuta o que você acabou de dizer, por acaso ela é coisa pra alguém pegar?". Bebida: água. O João: "Ah, fica quieta". Eu já petulante (como meu pai gosta): "Claro, você quer que eu guarde minhas opiniões; quando tô de boca calada sou ótima companhia, é só falar o que você não gosta de ouvir que...". "Chega, Malu, vai pro seu quarto." "Mas, pai... Poxa, nem comi meu frango inteiro..." "Malu, obedece seu pai, vai pro quarto."

•

Que silêncio, o João não está na cama dele, estranho, sempre acordo antes. Encontro meu pai trabalhando, ele estala um beijo e acena de costas para não interromper o fluxo do texto que está digitando muito rápido, ele digita atacando as teclas, parece que tem raiva das letras. Tranquilo, vou tomar café da manhã em paz.

Meu pai entre uma martelada e outra no teclado: "Traz um café pra mim, Maluzinha".

Sacooooooooooo.

Queria passar o dia com o João mas ele foi comprar roupa com minha mãe, tá quase pelado, precisa de umas roupas. Coitado.

Tuuuuuuu tuuuuuuu tuuuuuuu "Alô, mãe, não dava para me levar junto?"

•

Hoje meu pai está bem. Aprendi a aproveitar esses momentos, nunca sei quando ele vai estar bem outra vez. A gente ri, ele me provoca com as baboseiras dele: dancinha enquanto estoura a pipoca, coisa besta, adoro, sinto um calor bom que não sentia faz tempo. Quando ele acorda assim até parece que vai durar. Queria que ele melhorasse logo, que ele voltasse do buraco onde foi se esconder.

•

A Amanda é a única que sabe, não contei nem para o João o plano inteiro dos brigadeiros, só falei que estou vendendo para juntar dinheiro. Bem que alguém podia me ajudar a enrolar, isso demora uma eternidade. Com a Amanda não posso contar, parei de chamar ela para vir aqui em casa, o pai dela não gosta que ela vá na "casa dos outros". Não sou os outros. Cara chato. Vou enrolando, enrolando, enrolando, penso: enrolar enrolar enrolar sem parar, cabelos enrolados, cabelos enrolados do Enrico. Opa. Acabo chamando o João para me ajudar a enrolar. Ele enrola uns dez e come uns cinco, aí desisto. Tá expulso. Minha mãe não perde a chance: "Tá fazendo ou comendo brigadeiro, Malu?". E essa pergunta não seria para o João? Que irritante!

•

Acordei mais tarde hoje. Tem um bilhetinho no meu travesseiro. Gostei do bilhete mas queria dar um beijo de tchau. Eu: "Mãe, como assim ele já foi e você não me chamou?". Ela: "Aaah, ele queria te acordar mas eu não deixei, você precisava descansar, seu pai deixou ele na rodoviária cedinho".

•

Bom, agora meu irmão já foi e ainda tenho o domingo inteiro, a Amanda não adianta chamar, o pai dela está em casa. Quase mandei mensagem perguntando alguma coisa sobre o Enrico, mas fiquei sem jeito, ainda tenho dúvidas se eles são só amigos mesmo. Zanzando para lá e para cá na rua tento adivinhar qual será a casa dele... Sei que fica entre a da Amanda e a minha mas não sei qual é. Tem a casa toda bege com um total de zero plantas, só cimento e um cachorro triste que não tem uma sombra para se esconder quando o sol está fervendo. Depois vem a casa abandonada, do lado tem a casa da Dona Marieta (que é dona do vira-lata preto mas ele só lembra nos horários que ela põe a comida). Aí tem a casa cor de vinho-arroxeada, meio desbotada e quase escondida pelas plantas, o jardim mais bagunçado e mais bonito da rua. Parece que tem de tudo ali no meio e cada semana é um pouco diferente dependendo das flores que abriram. Agora vem um cheiro de alguma coisa doce lá de dentro, uma casa cheirosa combina com ele... Afe, para, Malu. Vou voltar para casa que lá só tem cheiro de salada (que nem tem cheiro), assim paro de delirar.

∙∙∙∙∙∙

Como consegui me enrolar mais do que minhoca?
∙

Estou falando com a Amanda sobre a aula de História hoje cedo enquanto tomo coragem para perguntar do Enrico. Aí ele aparece! Mais uma vez não consigo ver de qual casa ele saiu. Levanto na mesma hora, tão nervosa que não consigo pensar. Ele dá oi com um sorriso. Eu: "Oi". E sento. Ele também senta, ao lado da Amanda, ainda bem. Fico quieta ouvindo a conversa deles enquanto finjo distração mexendo com um galhinho caído da árvore. Tento acalmar meu coração disparado antes de precisar falar alguma coisa. Se tiver que falar agora minha voz sai tremida, é certeza. Aí eles vão perceber como estou nervosa. Descubro algumas coisas:

- Ele estuda numa escola alemã.
- Não é muito legal (a escola).
- A mãe dele é professora lá.
- Tem aula de jardinagem.

A Amanda diz que parece ótima essa aula de jardinagem (zoando, claro). Ele diz que parece chato mas na verdade é bem legal. O projeto deste semestre é construir uma composteira.

Do nada eu falo: "Queria fazer uma composteira lá em casa mas minha mãe não deixa". O que estou fazendo? Eu nunca vi uma composteira! Mas agora é tarde, o Enrico está todo interessado no assunto e dispara uma sequência de perguntas que não ouço porque dentro da minha cabeça estou gritando: sua burra sua burra sua burra! Pego o final da frase e entendo que a mãe dele vai deixar fazer no quintal, vai achar ótimo ter adubo para as plantas dela, ela é louca por plantas. Ele emenda: "Bom, dá pra perceber pela frente da nossa casa, né". Ah, então a casa do cheiro doce cheia de plantas na frente é a casa dele... Eu não estava delirando tanto assim. Mas agora estou, óbvio, por que abri a boca para falar besteira? Levo um minissusto quando ouço a palavra minhocas. Ai, que roubada, que pavor, morro de nojo de minhocas. Respira, Malu.

Digo: "Ah, legal, vamos sim, quem sabe quando eu aprender consigo convencer minha mãe a fazer compostagem lá em casa também; falando nela, preciso ir, minha mãe tá me esperando pra gente sair (mentira), já tô atrasada, tchau!".

•

Nem entrei em casa e já tem mensagem da Amanda: e aí já saiu? ;)

• • • • • •

Passo o resto da semana rezando para a conversa da composteira morrer no vácuo.

• • • • • •

Parece um dos meus sonhos.

•

Mensagem de desconhecido: oi é o enrico.
    Ai ai ai ai ai ai ai ai ai ai ai meu coração disparado.
    Agora um áudio: *a amanda me passou seu contato pra gente combinar da composteira. então, meu professor passou um site que vende as minhocas. quer vir em casa mais tarde pra ver comigo? chamei a amanda também mas ela não pode e disse pra gente passar lá depois*
    Já era. Escrevo: oi vou sim
    Ele: legal
    Eu: 4 hs?
    Ele: blz

•

15h59 – acho melhor ficar aqui mais uns cinco minutos para não parecer muito ansiosa. Fazer xixi. Não, beber água primeiro, depois xixi. Pronto. Agora vou. Ando pela rua parecendo um robô. Chegando na frente da casa do Enrico paro para tomar coragem, ai que vergonha. Alguma coisa se remexe num arbusto, deve ser passarinho, coloco a mão na campainha e quase morro de susto com uma voz que diz "pode entrar", o portão está aberto. Empurro o portão e descubro que não era passarinho, é uma mulher segurando um punhado de mato e uma pazinha. Uma mulher alta, mais ou menos da idade da minha mãe, ela usa o cabelo todo preso para o alto e dá para ver uma tatuagem no pescoço, bonita. Ela vem mais perto sorrindo: "Oi, você é a Malu?". Faço que sim com a cabeça. "Oi, Malu, eu sou a Tamara, sou a mãe do Enrico. Ele me falou que vocês vão ver o *site* pra encomendar as minhocas, né?, aliás, já liberei aquele canto ali (ela aponta com a pá) pra vocês montarem a composteira. Entra lá, ele está no computador, na sala. Daqui a pouco vou dar uma aula e depois a gente come alguma coisa." Sorrio envergonhada e falo: "Tá, obrigada". Ela pergunta se a Amanda não quis vir e eu faço que não com a cabeça enquanto vou em direção à porta de entrada. O caminho até a porta é curto, uma espécie de túnel encantado cheio de flores amarelas de miolo vermelho que descem de arcos no alto. A porta é verde.

•

Fico toda dura, mal respiro sentada na ponta da cadeira e respondo: "Acho que sim/acho que não" a qualquer pergunta que o Enrico me faz. Quando cheguei ele já estava com a página aberta, não consegui controlar uma careta quando dei de cara com a foto das minhocas. Resolvemos tudo e o Enrico pergunta se pode comprar as minhocas agora, a mãe dele vem saindo da cozinha e diz que pode, passa pela sala onde estamos e entrega um cartão. Ela vai na direção de uma mesa grande na outra ponta da sala e puxa uma porta de correr dizendo para a gente ficar de olho no pão de queijo que está no forno.

•

"Tá, valeu, mãe", ele fala. Ela responde alguma coisa em alemão, parece. Ele sorri e me diz: "Bom, então tudo certo, quando as minhocas chegarem eu te aviso, você vai ter que cuidar delas porque eu morro de nojo". "O quê?!", eu digo quase gritando com uma risada nervosa. Ele ri junto e diz: "Calma, eu percebi sua cara quando viu a foto. Deixa comigo, eu também tinha nojo até pescar tantas vezes com meu avô que superei. Colocar a minhoca no anzol sempre sobra pra mim". Continuo rindo e finalmente relaxo, a gente vai para a cozinha conversando sobre a composteira. Sentamos nas cadeiras da mesa da cozinha para esperar o pão de queijo e fico sem graça outra vez, a gente ainda não tem muito assunto. Pergunto: "Foi alemão que sua mãe falou com você?". Ele confirma, ela é professora de alemão. Digo que sempre quis aprender, meu bisavô era alemão mas ninguém na minha família sabe falar.

Ele me conta que morou quase dois anos na Alemanha, no sul, perto de onde os pais dele estudaram. Chegou aqui com a mãe no começo do ano para pegarem o início das aulas. A Tamara e o pai dele eram namorados desde a época da escola e decidiram ir juntos para a Alemanha. O pai foi estudar agricultura biodinâmica e a mãe foi para estudar dança. Ela ficou quase dez anos numa companhia e depois acabou se interessando por tradução quando rompeu os ligamentos do joelho e ficou seis meses sem poder dançar. Isso foi pouco antes de descobrir que estava grávida e eles decidirem voltar para cá, queriam que ele fosse brasileiro.

"Mas depois vocês voltaram pra lá?"

"É. Minha mãe não queria muito voltar pra Alemanha mas meu pai foi por causa do trabalho dele. Eles tentaram viver em países diferentes por um tempo mas cansaram de ficar longe, aí, uns dois anos atrás eu e ela também fomos. Foi legal mas eu prefiro morar aqui. Minha mãe também."

Os pais dele decidiram se separar: ele voltou com a mãe para o Brasil, o pai ficou na Alemanha. Então ele diz: "O plano é ir pra lá visitar uma vez por ano e meu pai vem bastante pra cá por causa do trabalho. Daqui uns quinze dias ele vem, vai passar uma semana aqui em casa". Eu penso: civilizado. Não consigo imaginar meus pais amigos depois de uma separação.

•

A Tamara vem lá de dentro toda animada e pergunta se deixamos algum pão de queijo para ela. Já estamos saindo da mesa e ela pede desculpas pela demora, a aula atrasou, pergunta do nosso projeto e o Enrico diz: "Depois a gente conta, mãe, agora vamos lá na Amanda". Me despeço ainda um pouco sem graça mas me sentindo bem-vinda.

•

Tamara, nome de fruta, quase. Eu gosto do nome dela, nome que faz a gente pensar na pessoa mas pensar em outras coisas também. Tipo Amanda, me faz pensar em amêndoa, que eu adoro, aquela amêndoa coberta com açúcar e canela, e também me faz pensar em amarelo porque na varanda do nosso apartamento lá no Rio tinha uma flor chamada Alamanda, amarela, linda, e agora me faz pensar em sorriso e cabelo preto liso brilhante, por causa da Amanda mesmo. Ela adora quando falo isso. E só assina Alamanda: em todos os bilhetes e mensagens que a gente troca. Talvez eu precise admitir que gosto de trocadilhos. De alguns.

••••••

Não tenho nenhum amigo que me conhece desde que eu nasci. Bom, tem meu irmão. Mas aí estão meus pais no meio.

•

A Amanda me contou que ela e o Enrico são amigos desde que nasceram, as mães já eram amigas antes de eles existirem. Tenho encontrado com o Enrico quase todos os dias, ele também estuda de manhã, então aparece na rua depois do almoço, quase sempre conversa um pouco com a gente antes de ir chamar o Felipe (agora sei o nome do meu vizinho de parede). Ele já chega com um tema, todo empolgado querendo discutir. Mesmo quando é besteira eu acho divertido. Começando a achar cada vez mais divertido. E bonito. O Enrico, eu acho bonito.

Ele e o Felipe vivem chutando bola pela rua, quando não é bola é pedra ou qualquer outra coisa que saia rolando. Com o Felipe eu nunca falei. Mas não é culpa minha, o menino não abre a boca. Acho que ainda não ouvi a voz dele. Olha que já nos encontramos umas vinte vezes entrando ou saindo de casa. Ele é enorme, acho que é mais alto que meu pai. Magrelo, mas tem uma cara fofinha, parece um bebê que cresceu antes da hora, não combina o corpo com a cara.

Minha mãe: "Uma múmia, esse garoto". "Ele é tímido, né, mãe." "Gente tímida acha que é a pessoa mais

importante do mundo." "Ai, mãe, como você é chata!"
"Que foi, é verdade, gente tímida entra num lugar e acha
que tá todo mundo olhando, ninguém tá nem aí."

Acho que minha mãe nunca teve catorze anos.

••••••

Olhando bem, esses brigadeiros têm tamanhos completamente diferentes.

•

Consigo chegar até a porta verde da casa deles com os cem brigadeiros intactos. Nenhum tropeção pelo caminho, mas quando bato na porta (que está sempre destrancada, já sei, mas tenho vergonha de entrar direto) perco a coragem de dizer: tem 110 brigadeiros na bandeja, fiz dez a mais para vocês dois.

A mãe do Enrico ficou sabendo dos meus brigadeiros e encomendou a bandeja para o aniversário de uma amiga da escola. Falei que a gente podia fazer permuta, brigadeiros por aula de alemão (claro que falei sem pensar, total falta de noção, ela teria que encomendar centenas por semana para isso funcionar). Ela disse que aula de alemão me dá de graça, que vai ser um prazer. "Quanto é pelos brigadeiros, Malu?", a Tamara fala comigo de um jeito que me faz sentir mais madura, e não uma menina boba. Quase dei um beijo nela. Mas não dei, foi um abraço de lado bem sem jeito mesmo. Me despedi logo, querendo evitar um encontro com o Enrico. Senti um frio na barriga porque pensei em como queria dar um beijo nele, isso sim. Nossa, eu queria mesmo. Não tinha percebido até agora o quanto quero dar um beijo nele.

•

Volto para casa meio agitada com minha descoberta, será que estou mesmo gostando do Enrico? Entro e dou de cara com meu pai, o que me afasta um pouco do pensamento sobre o Enrico mas nem tanto, e solto: "Oi, pai, sabe que estou querendo aprender alemão?". "Ah, filha, seria legal mas não dá, a gente tá bem apertado de grana." "Eu sei, pai, mas eu vou fazer um combinado com a mãe do Enrico, ela é professora particular de alemão, não é nada pra começar agora, mas daqui uns meses, talvez." "Quem é a mãe do Enrico?" "Nossa vizinha da casa com um monte de plantas e a porta verde, sabe?" "Ah, aquela mulher dá aula de alemão?" "Aquela mulher tem nome, é Tamara." "Ah, sim, Tamara, mas ela dá aula de alemão? Que engraçado..." "Engraçado o quê, pai? Ela saber falar alemão? Ah, entendi, pai." "Entendeu o quê, Malu?" "Nunca conheceu uma mulher negra que fala alemão, muito menos professora de alemão, né, pai?, como é que você com esse olho azulzinho e sobrenome de gringo não sabe e ela sabe, né?" "Maria Luísa, para de falar besteira, tá me chamando de racista?"

Quem disse foi você, pai.

• • • • • •

Bzzz bzzz bzzz bzzz bzzz bzzz bzzz bzzz

•

Meu telefone vibra. Mensagem do Enrico: minhocas despachadas, prazo de entrega 24h.

No mesmo *site* onde encomendamos as minhocas li tudo o que tinha sobre como montar um minhocário (para não chegar na casa do Enrico totalmente ignorante), mas meu principal treinamento na última semana: fotos e vídeos de minhocas em doses diárias. Objetivo: tentar perder o nojo extremo e não passar tanta vergonha.

••••••

Não faz muito tempo.

•

A mãe da Amanda morreu quando a filha tinha doze anos.

O Enrico me explica que a mancha vermelha no cimento da calçada na frente da casa é o que sobrou de uma pintura que elas fizeram juntas, isso foi numas férias quando a mãe já estava doente mas fingia que não estava. A Amanda sabia, mas fingia que não sabia. Uns meses depois da morte da mãe, o pai decidiu apagar a pintura. A Amanda chegou da escola e quando viu ele lá esfregando o cimento se jogou no chão para proteger o que tinha sobrado. O pai não disse nada. Mas pelo menos não apagou o resto.

Eu entendi uma coisa, acho. É como se a mancha desbotada no cimento aproximasse ela um pouco da mãe, como se fosse um resto de colo.

······

A Tamara é tão legal que eu até gosto quando ela aparece para a gente conversar um pouco.

·

Agora já consigo controlar melhor o impulso de sair correndo toda vez que vamos abrir a composteira para ver se está tudo bem com a colônia de minhocas, mas a chance de mexer nelas é zero. Colocar os restos, folhas e serragem por cima eu dou conta, mas é meu máximo. Respira, Malu. Enquanto estou lá com pose de quem sabe o que está fazendo, a Tamara passa e fala alguma coisa sobre adubar uma horta, não entendo direito. O Enrico fica todo sem graça e quase derruba um balde de cascas de frutas que vem trazendo da cozinha, aí ele fala umas palavras em alemão, mas a mãe dele acho que nem escuta, já entrou em casa. Imagino que ele tenha ficado sem graça como eu fico quando meus pais puxam com meus amigos algum assunto nada a ver.

·

Mensagem da Amanda: e aí, q tal o minhocário? já deu nome pra elas, levou alguma de estimação pra casa com vc?

Comediante, essa minha amiga.

Outra mensagem dela: o enrico tá empolgadíssimo com a horta que vcs vão fazer no matagal do terreno

Eu: sério? mas a gente n combinou nada

Ela: como não? ele disse q vcs vão começar na semana q vem

Eu: ???? acho q vc entendeu errado. a mãe dele falou alguma coisa de horta e n prestei muita atenção pq tava concentrada em n dar chilique por causa das minhocas se remexendo na terra qdo a gente abriu a caixa

•

Será que escrevo para o Enrico? Acho melhor esperar um pouco.

Não aguento. Antes de dormir escrevo: oi, enrico, a amanda disse q vc tá superanimado com a horta q vamos fazer. N tô sabendo nada desse plano

Ele: ...

Espero, vou escovar os dentes, volto e ainda nada de resposta. Pego meu livro mas não consigo ler, até a hora de dormir olho umas quatro vezes se ele respondeu. Nada. Bom, amanhã eu vejo.

Quando acordo vejo que tem mensagem do Enrico: oi, malu, ahhhhh acho q a amanda entendeu tudo errado

Outra dele: ...

Eita demora. Finalmente.

Ele: mas até q a ideia é boa, o q vc acha? minha mãe pode dar uma ajuda no começo, ela sabe bastante coisa

Ele continua: ela e meu pai já fizeram várias hortas

Não posso perder uma chance tão boa de estar perto dele. E, afinal, por que parar na compostagem, todo mundo sabe que eu sempre sonhei fazer uma horta!

Depois de uns três minutos escrevo: acho legal. qdo eu for aí pra gente ver como tá o adubo a gente fala. bjs

• • • • • •

A verdade é que o máximo que já pensei em horta é quando invento desculpa para fugir de comer salada.

•

O seu Carlos da banca de revistas ficou sabendo do nosso projeto e está ajudando, ele adora mexer com planta, ensina coisas sobre a terra para a gente, foi muita sorte a casa dele ser vizinha do terreno, ficou fácil puxar uma mangueira e emprestar a água para começar a horta. Já estamos batalhando alguém para dividir a despesa com o seu Carlos, assim não fica caro, e a horta é comunitária, não está certo ele pagar toda a água.

A mãe do Enrico também apareceu para ajudar algumas vezes. Emprestou as ferramentas e comprou umas sementes para o começo. Ela não gostou de saber que a Amanda não vem fazer a horta com a gente. "Coisa daquele cara", ela diz, mas já muda de assunto. Enquanto abrimos sulcos na terra vou entendendo melhor a história da família da Amanda nas palavras da Tamara.

Gosto muito dessas conversas, acho que nunca conversei desse jeito com uma pessoa adulta. Ela também faz as perguntas mais divertidas que me levam a pensar em coisas em que nunca pensei, como: se eu pudesse escolher um superpoder que beneficiaria muita gente e não faria nada por mim e um superpoder que fosse ótimo para mim mas não fizesse nada pelos outros, quais seriam esses poderes? A Tamara e a mãe da Amanda eram como irmãs. "Júlia", a Tamara diz sorrindo como se estivesse vendo ela. As duas se conheceram na escola (igual à Amanda e eu) e tinham plano de morar perto quando crescessem. O sonho da infância acabou dando tão certo que vieram morar na mesma rua na época em que estavam grávidas da Amanda e do Enrico. O pai da Amanda nunca foi muito com a cara da Tamara. Ciúme. Principalmente porque o pai do Enrico também conhecia as duas desde os dezesseis anos. Eles tinham muita história que não incluía o pai da Amanda. E ele não gostava de dividir a mulher com ninguém. E nem a filha.

"A atenção delas tinha que ser toda pra ele", a Tamara diz, "era difícil a gente juntar as famílias, mas eu e ela sempre dávamos um jeito de juntar as crianças. Brincávamos muito com eles aqui nesse terreno. Por isso fico tão feliz de ver vocês ocupando esse espaço". O sorriso da Tamara desaparece e ela diz que foram levando a convivência desse jeito até o azar de um dia a Amanda ser picada por duas abelhas, ninguém sabia da alergia dela, nunca tinha acontecido. "Ele tinha uma implicância antiga comigo e com o pai do Enrico, nos chamava de 'o casal abraçador de árvores' e nos acusou de colocarmos a vida da filha dele em risco. Ele surtou de vez, eu mal podia chegar perto do portão da casa deles. Minha vontade era falar tudo o que eu pensava sobre ele, mas a Júlia estava começando a mostrar sinais da doença e pouco depois foi diagnosticada, eu quis poupá-la. Quando ele não estava colado nela, a Júlia deixava a Amanda algumas horas lá em casa brincando com o Enrico, principalmente nos dias de quimio, mas tudo tinha mudado."

Quando a Júlia morreu, a Tamara resolveu voltar para a Alemanha com o Enrico.

"Era muito triste olhar pra casa dela e saber que a Júlia nunca mais sairia pela porta pra gente se abraçar. Fui embora mais tranquila porque a irmã dela ia ficar por perto. Ela ainda era aceita na casa deles, eu não. E eu sabia que nossa volta para a Alemanha não seria definitiva."

· · · · · ·

Olhando, parece que não tem nada lá.
·

O seu Carlos disse que logo vai dar para começar a ver um ou outro broto e a gente tem que ficar de olho no mato que teima em crescer de volta. Agora que já está

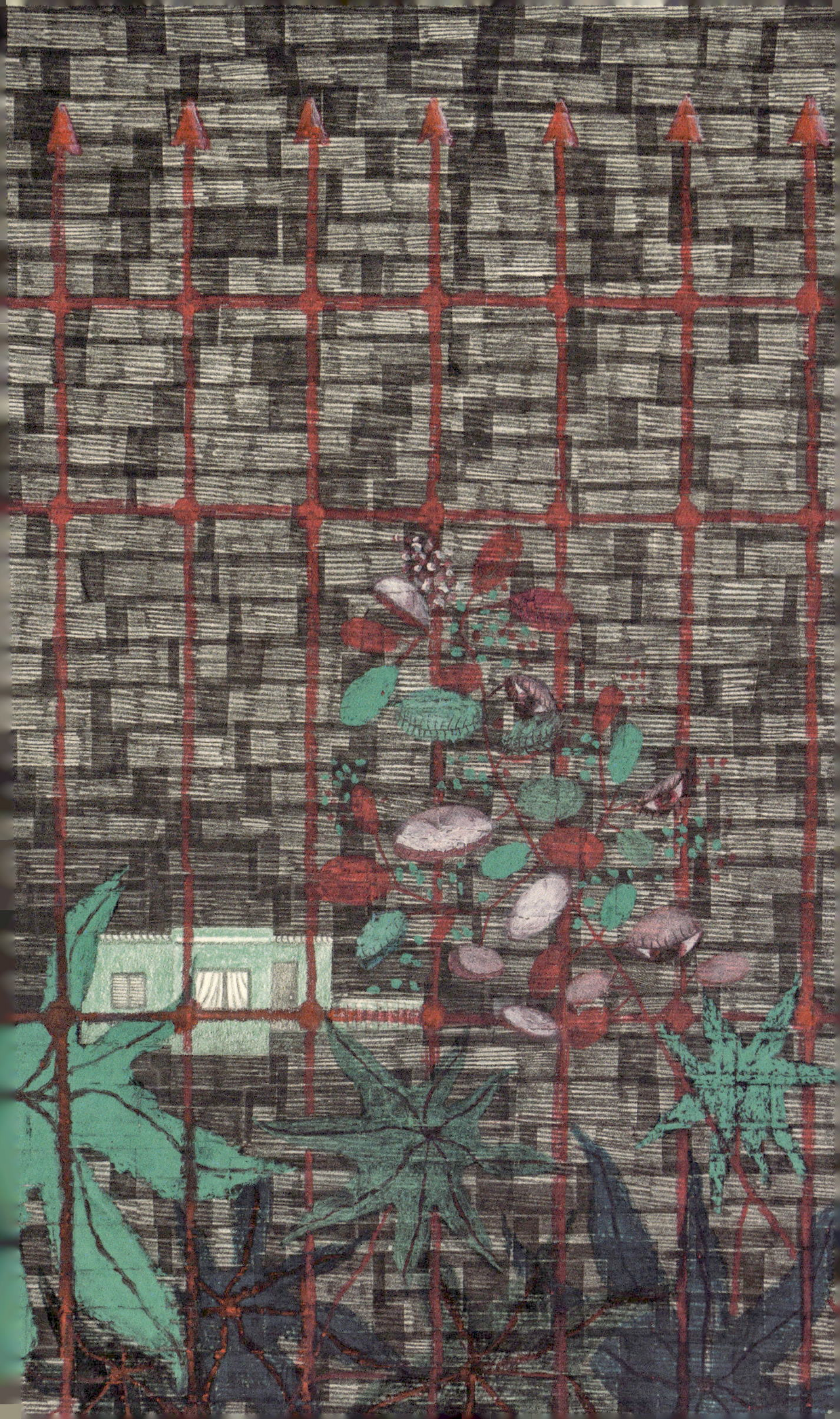

quase tudo semeado também precisamos regar todos os dias. Tem quase um mês que começamos a horta. A parte mais trabalhosa foi limpar bem o terreno e preparar a terra.

A Amanda está curiosa. Todo fim de tarde depois de regar a gente passa no portão dela e conta como foi, está ficando tão legal: "Vamos lá ver, você nem precisa se sujar, é só pra ver como tá". Tem que pedir para o pai, a alergia a insetos, ele nunca vai deixar.

O Felipe tem treino de futebol quase todo dia, então é raridade ele aparecer. E eu queria muito que a Amanda estivesse com a gente. Mas seria mentira dizer que não estou gostando de passar tanto tempo sozinha com o Enrico. A cada dia a gente vai se conhecendo mais, e se não nos encontramos na horta a gente se fala por mensagem.

•

O seu Carlos trouxe mais terra boa e umas mudas de batata que ele pegou no sítio do irmão. Eu sugeri plantar um canteiro de ervas. O Enrico quis plantar tomates também: "Quando eles nascerem a gente leva pra Amanda, ela troca qualquer comida por tomate".

Enquanto enterramos as batatas percebo um ciúme plantado em mim: "Enrico, alguma vez você já pensou em namorar a Amanda?". "Não, a gente é meio irmão e irmã; namorar não, a gente tomou muito banho junto quando era pequeno." Eu não dou risada: "Mas, sério, nunca?". "Não, beijar a Amanda seria a mesma coisa que beijar essa batata, adoro a Amanda, mas namorar não, nada a ver." Corto o ciúme rente à terra. Mas não arranco pela raiz. O seu Carlos comenta que já apareceu um monte de gente interessada em participar do cuidado da horta e duas vizinhas toparam rachar o custo da água. Agora é só esperar brotar.

•

A Amanda tomou coragem, mandou mensagem avisando que hoje vai pedir para ir lá na horta.

••••••

Ontem o pedaço de chão dormiu tranquilo.

•

A terra toda penteada com atenção me lembrou aqueles jardins japoneses se eles fossem de terra cheirosa e molhada, uma paz, todo o orgulho do nosso trabalho lá enterrado com cuidado, não foi fácil, o terreno todo coberto de mato quando chegamos sem saber por onde começar, tudo duro, enroscado de raízes de coisas verdes mas que não são de horta: espinho, erva daninha, praga, lixos cobertos de limo. O seu Carlos ajudou a limpar um pedaço grande do terreno e disse: "Não vão mexer com os pés de mamona, aquilo lá espeta demais e vai ser bom deixar eles quietos, os mais altos lá no fundo vão fazer a proteção pra quando venta forte". Nossa horta foi um sonho.

-

Agora tudo esburacado, a água da chuva formando quinhentas piscinas de lama. O seu Carlos mais triste do que a gente. Ontem a Amanda pediu: "Pai, posso ir dar uma olhadinha na horta?".

Foi ele. Eu sei.

-

"Eu sei que foi o pai da Amanda, ele é doido, mãe." Ela, sem nem pensar: "Você não sabe, fica quieta, não pode acusar o homem, você não sabe, que coisa, menina, não para de inventar história. Pegou uma birra desse homem, pegou ele pra cristo, a fome e a miséria no mundo são culpa dele também?".

"Enrico, você não acha muito estranho a Amanda pedir se pode vir na horta e no dia seguinte a gente encontrar tudo destruído?" O Enrico duvida: "Pode ter sido algum vira-lata que passou de noite caçando gambá". "Eu não acho, só pode ter sido o pai da Amanda, ele não quer que ela saia de casa pra nada." Ele quase concorda: "É, ele é um mala, mas acho que não faria isso".

"Amanda, desculpa, mas a horta apareceu destruída depois que você pediu pra ir lá. Sei que é seu pai, mas ele não gosta que você saia, então será que não foi ele que pegou uma enxada e..." Ela: "Acho melhor você parar". Ainda tento: "Mas...". Ela não quer mais ouvir: "Tchau, tenho que fazer lição".

Droga.

Meu pai diz que tenho uma imaginação perigosa e encerra o assunto: "Não, não quero ouvir nem mais uma palavra sobre essa história, o pai dessa menina tem mais o que fazer do que se preocupar com as brincadeiras de vocês".

Será que ninguém vai acreditar em mim? O seu Carlos. Pode ser que ele acredite em mim.

"Oi, seu Carlos, o senhor não acha que pode ter sido o pai da Amanda, eu sei que o senhor mora aqui na rua desde antes da Amanda nascer, o senhor sabe do que eu tô falando." O seu Carlos está tão arrasado, deve ser por isso que a cara dele está mais amassada, dá uma aflição quando ele esfrega a cara com a mão toda aberta igual faz agora, e eu espero ele acabar para me responder a pergunta, parece que vai arrancar o rosto porque a pele é toda solta do resto, mas aí ele tira a mão e a cara continua lá. O seu Carlos um pouco mais amassado que o normal diz: "Não, menina, foram meus cachorros, os dois escaparam, eles se assustaram com os trovões da chuva que caiu de noite e conseguiram abrir o portão, nem sei como. Hoje cedo vi uma trilha de lama no quintal e na mesma hora corri pra ver a horta. Quando encontrei o portão aberto eu já sabia. Cachorro quando cheira terra plantada de pouco tempo fica louco, cava tudo, os dois estão de lama até as orelhas, e um deles ainda fez o favor de lamber um sapo e tá espumando até agora".

O seu Carlos é nascido em sítio e nem se abalou, deu um copo de água com carvão moído para o cachorro beber e pronto, ele que se vire. A cada vizinho que passa, seu Carlos pede desculpa. "Imagina, seu Carlos, não é culpa sua", todos respondem com pena. Ele completa: "Filha, aquele homem é meio perturbado, mas não tá certo você ficar inventando caso por aí assim. Se ele escuta, não deixa mais a Amandinha brincar com você".

•

Nossa, eu tinha tanta certeza.

••••••

A Amanda deve contar mais coisas para o Enrico do que para mim.

•

Agora todo mundo desanimou de cultivar a horta. A Amanda delira querendo me animar: "Quem sabe meu pai me deixa participar na próxima que vocês fizerem". Ela dá risada da besteira que acaba de falar. Eu, quieta, melhor não abusar, na última vez que falei do pai dela não foi bom. Sabe como é, a pessoa pode falar mal de alguém da própria família mas só ela tem direito de falar, se a gente entra na onda acaba ofendendo.

O Felipe e o Enrico vivem lá no terreno agora, aproveitando os buracos da horta destruída para chutar bola com efeito, a bola voa longe. Chegam correndo tão animados, até penso que o Felipe vai abrir a boca. Mas é o Enrico quem vem falando e vai puxando a Amanda pela mão, ela diz que não pode, ele insiste e puxa mais, faz cócegas, ela acaba se soltando da corrente invisível que prende ela ao portão. Finalmente saímos daquela calçada. Tem uma distância-limite que ela pode percorrer a partir do portão da casa. É como se ela tivesse uma corrente segurando o pé. Igual cachorro. Só que cachorro maltratado late muito. A Amanda não reclama.

    O Felipe vai na frente, parece que fareja alguma coisa enquanto chuta a bola pelo caminho. Entramos no terreno, minha curiosidade vai crescendo, a Amanda toda tensa: "Melhor eu voltar". O Enrico acalma: "Não tem problema, relaxa". Quando a Amanda está perto, o Enrico não percebe que existo. Entramos pelo matagal, já cresceu quase tudo de volta por cima do nosso projeto de horta, os meninos correm direto para os pés de mamona mais altos lá no fundo e desaparecem completamente. Avançamos um pouco mais, eles chamam com a voz abafada, parecem estar muito longe. Quero saber o que eles descobriram, a Amanda quer voltar. Eu: "Vem, me dá sua mão". Juntas, passamos por uma parede de folhas e galhos.

    Queria que a Amanda confiasse mais em mim.

•

Lá dentro, um salão de sombra e verde-escuro. Não entra vento, sinto o frescor das folhas. O silêncio é de topo de montanha, um silêncio em que os sons vão chegando muito aos poucos. Vazam umas luzes entre as folhas, é bonito, plantas de todos os lados, pés de mamona altos formando uma parede. Parece que foi construída por alguém.

•

Sempre teve mamona aqui — a Amanda lembra de quando eles eram pequenos e brincavam com as mães, faziam piquenique. "Os vizinhos queriam fazer uma praça aqui, lembra, Enrico, minha mãe ensinou a gente a pegar as mamonas sem espetar e juntamos um montão pra usar de munição na nossa guerra contra aqueles meninos lá na rua do Denis, lembra aquele moleque ranhento que vivia xingando pelo portão da casa dele quando a gente passava de bicicleta?"

Ainda sorrindo, ela enxuga os olhos e diz: "Tenho que voltar pra casa antes do meu pai perceber". Eu: "Perceber o quê?". Ela: "Que eu saí de casa, tchau".

No chão tem um cartaz, a Amanda passou por cima quando saiu, nem reparou. Eu também não tinha visto até ela pisar: *Fica aqui fundada a Sociedade Secreta da Mamona*. O Enrico pega o cartaz do chão e roda como se fosse cachorro procurando um lugar para deitar. Vai falando alguma coisa entre dentes, nada que dê para entender. Quando ele senta num toco de madeira, dou um tempo e tento puxar conversa. As respostas são *ãhãm* para todas as minhas perguntas. *Ãhãm.*

• • • • • •

Acho que para saber se é mesmo sonho é só reparar se o pensamento tem ponto-final.

•

Ando por uma rua, parece a rua de casa mas as cores são outras, as casas, os carros, as plantas, quase tudo alaranjado ou verde-azeitona, a luz do dia é um violeta transparente, só pode ser sonho, influência do filme que vi com essas mesmas luzes estranhas, eu ando, não é sonho, acho, tento acordar, não acordo, me aproximo do que parece ser o portão da Amanda, vejo um casal se beijando, não um beijo qualquer, pegação, conheço aquele cabelo enrolado, de costas parece o Enrico, não quero olhar mas meus pés não obedecem, vou deslizando, é, só posso estar sonhando, sonho, não, pesadelo, ele beijando adivinha quem, Amanda, eu sabia, sabia que tinha uma paixão secreta entre os dois, eles param de beijar e ele olha para mim, a Amanda não tem cabeça, eu grito com o susto, ter cabeça ela tem, mas não é humana, é uma batata, o Enrico sorri, volta para ela, vai começar a beijar outra vez, não posso mais olhar, ele não beija, come a batata até sobrar nada, eu me desespero e então o resto de Amanda senta na calçada e diz muito calma: "Não é problema, cresce outra cabeça logo, com as chuvas de verão é bem rápido, você...".

Morro de medo desse sonho.

•

A Amanda morre de medo de sair de casa, o pai dela não pode saber. O máximo que ela arrisca é ficar na calçada comigo. 13h45, ligação para o escritório, escuto pela janela, ela começa o relatório: "Matemática, História, sim, tem de Português também, mas só pra depois de amanhã, fui, fui bem na de Ciências, não precisa, tá, eu como, tá bom, eu guardo, sim, tá trancada, já vi, pai, já disse que a porta tá trancada, sim, com duas voltas e as duas trancas de cima e de baixo, já falei, tá, desculpa, tchau, aaa, sim, sim... sim, também te amo, paizinho".

Quem tem mais medo ainda é o pai dela:

"Não posso ir porque meu pai tem medo que eu caia."

"Não dá, meu pai tem medo que eu me perca."

"Não vou, e se algum homem mexe comigo na rua, meu pai tem medo."

"Ele tem medo de assalto."

"Malu, acho que meu pai tem medo que eu morra também e ele fique sozinho de vez." Foi muito rápido, mas a Amanda me contou que a mãe dela morreu de câncer, foi uma doença horrível, ela tinha 39 anos. Não tive coragem de dizer que já sabia.

• • • • • •

Nunca entrei na casa da Amanda.

•

Encontro os meninos na rua, olho para o Enrico e penso em batata, sinto a cara quente. Tento pensar em outra coisa e chamo os dois para voltarmos lá no canto das mamonas, conhecer melhor o lugar. Hoje o Enrico está quase tão calado quanto o Felipe. Só consigo pensar no sonho, no beijo dele e da Amanda, que batata nada, tem alguma coisa entre os dois. Ele diz: "Pena que a Amanda não gostou daqui, né?". Eu sei que não é isso, não é que ela não gostou, ela tem medo do pai dela que não deixa nada. Mas por que ele foi falar nela agora? Meu ciúme ganha. Sinto uma raiva querendo sair descontrolada. Não controlo, solto uma avalanche: "Para de dar tanta bola pra Amanda, ela tá muito egocêntrica, todo mundo querendo agradar ela o tempo todo, ela não é nenhuma coitada, a Amanda não confia em ninguém".

As palavras pulam da minha boca, sei que não está bom isso, preciso parar mas estou gostando, estou continuando gostando falando errando estragando: "E a Amanda tá se achando demais, nem é tão bonita assim, já reparou que ela é bem orelhudinha e que a orelha direita tá sempre espetada pra fora do cabelo como se fosse...".

"A última vez que brincamos aqui foi no dia que a mãe dela morreu", o Enrico diz e me faz finalmente calar a boca já com vontade de apagar tudo o que acabei de dizer. Ele se despede com um sorriso forçado. Agora eu já disse as palavras, não tem como apagar. O Felipe acena olhando para baixo: "A gente se vê". Meu corpo fica mole, o coração dispara, o pescoço fica estranho e parece que não tem nada para ele segurar. Agora entendo o sonho. E quem é que não tem cabeça.

Enquanto ando pela rua sinto escapar a chance de ter esses amigos, essa turma, de ter um lugar especial só nosso, de conhecer de verdade a Amanda. Vejo uns meninos pequenos torturando uma centopeia. Fatiaram todo o bicho e se divertem como se fossem a plateia da atração mais engraçada do circo. Dou um grito e eles fogem. Não consigo deixar de olhar o desespero das partes cortadas, já não dá para saber de qual lado é a cabeça, a centopeia se retorce toda, em partes e ao mesmo tempo. Piso nos restos de corpo para acabar com o sofrimento, é horrível sentir o estalo sob a sola do tênis. Solto um urro, acho que pela centopeia, mas talvez seja por mim.

Entro em casa e chego perto da minha mãe sem falar nada, dou um abraço apertado nela. Ela: "Que foi, me solta, tô aqui no meio de uma coisa". Bato a porta do quarto antes que ela tire os olhos do telefone.

･･････

Melhores amigas, elas duas.

•

Vou passar as próximas horas dentro de um quarto com duas meninas enquanto se arrumam para a festa da escola. Combinamos de ir juntas, o pai de uma leva, o meu busca. Já vim pronta de casa, nem queria chegar tão cedo, foi a mãe da menina quem insistiu num lanchinho pré-festa e minha mãe achou ótimo eu me enturmar. As duas se conheceram numa aula de ioga e minha mãe decidiu que a filha dela seria uma boa pessoa para eu conhecer, afinal estamos na mesma escola. Queria que a Amanda estivesse aqui comigo. Coloquei um vestido por cima da minha calça preferida, bem justa, isso aprendi a fazer com ela, fica bom. Minha mãe detestou.

A festa até que vai bem, mas saio de lá sabendo que estou ridícula, só posso estar, com a quantidade de elogios que as duas meninas me fizeram. Sei que elas não adoraram meu estilo "doidinho". Assisti às duas se elogiando por horas enquanto arrumavam cabelo, escolhiam roupa, brinco, pulseira, para depois ouvir os comentários que fizeram pelas costas uma da outra nas rodinhas da festa. Uma: "Essa calça deixa a bunda dela achatada". Outra: "O sutiã que ela escolheu deixa cada peito olhando pra um lado". Melhores amigas?

Sou muito superior a elas. Se eu tivesse uma melhor amiga seria incapaz de... Ai, como sou burra.

••••••

Li em algum lugar: quem sente culpa quer se livrar dela porque é muito peso para carregar.
•

Hoje evito a Amanda na escola. Digo: "Tô com cólica, *ãhãm*, tô bem, sim, só preciso ficar quieta". Será que o Enrico contou alguma coisa? Uma amiga tão importante para mim, sou uma besta. Que medo dela descobrir o que falei. Na hora bem que gostei, falando, sabendo que não devia, mesmo assim sentindo prazer em falar mal, o ciúme que sinto dela com o Enrico é tanto, queria que ele desviasse a atenção dela para mim e aí nem consigo mais repetir esses pensamentos, também não consigo pensar em outra coisa.

Invento que a cólica está pior e peço para minha mãe autorizar (ela autoriza, nem acredito) a não fazer Educação Física, a última aula da manhã. Na portaria alguém pergunta se minha mãe vem me buscar, e minto que ela vai me encontrar na pracinha (ela não vem, não está em casa). Finjo moleza até virar a esquina e então acelero o passo e vou quase correndo direto para o portão da Amanda. O pai dela é bem capaz de fuçar o celular e acabar lendo minha mensagem, decido deixar um bilhete, é mais seguro. Escrevo sentada na calçada mesmo, garranchos, quase uma carta, minha mão dói tentando acompanhar a velocidade das palavras que saem. Escrevo contando tudo, do meu ciúme e das coisas que falei, peço perdão. Preciso me livrar logo da culpa, não consigo nem dormir direito. Nem acho que o Enrico ou o Felipe diriam alguma coisa, mas não importa. Dobro bem e coloco num envelope azul que guardei para alguma ocasião especial, não isso, era para ser alguma coisa feliz ou de amor. Deixo embaixo da porta de entrada. Deu tempo, a Amanda ainda está se preparando para sair da escola a essa hora. Passo o resto da tarde com o celular na mão desejando que ela me escreva logo. E morrendo de medo também.

•

Não teve mensagem da Amanda.

Hoje na escola foi um "oi" de longe, sem sorriso. Me escondi tantas vezes para chorar no banheiro que depois da segunda aula fiquei direto por lá. Vi a Amanda sair da escola bem rápido, ela não quer me encontrar no caminho para casa. Ela não vai me perdoar.

Por duas semanas mais ou menos a Amanda age como se não me conhecesse. Até me assusto quando ela chega perto: "Tá, cansei de ver você aí sozinha se arrastando pelos cantos, vê se aprende e não faz mais isso". "Desculpa mil vezes, tô muito arrepen..." "Passou, deixa quieto." Se uma amiga tivesse falado que meu nariz torto parece a Torre de Pisa talvez eu não conseguisse perdoar tão rápido.

•

Estou feliz com a volta das nossas conversas, das caminhadas que as pernas nem percebem, estou mais leve, menos culpada. Aos poucos nossa amizade vai voltando ao que era, mas quando a Amanda me abraça eu ainda sinto que não mereço.

......

Acho que sou feminista.
.

Hoje fiquei na escola até mais tarde para participar da primeira reunião de um grupo bem legal. A gente vai conversar sobre feminismo. Quem organiza são as meninas da terceira série e não tem participação de professores, é muito bom porque a gente fica mais livre para falar o que pensa. A Amanda não quis participar, não me explicou bem por quê, mas desconfio. Entro em casa querendo almoçar logo e levo um susto quando vejo ela sentada na sala com minha mãe, um copo de suco na mão. Eu: "Oi". Ela: "Oi". Minha mãe diz que a Amanda almoça comigo, ela já comeu e precisa sair: "Tem uma torta quentinha dentro do forno, vocês se servem. Amanda, não faz cerimônia, ela é tão magrinha, né, filha, e você não exagera, muito carboidrato já sabe o que acontece, né, você tem tendência, tem saladinha também, vê se come, e não esquece de guardar na geladeira o que sobrar".

"Tá, mãe."

Enquanto pega a bolsa, ela diz: "Ah, Amanda, volta aqui em casa a hora que quiser, viu?".

Minha amiga solta um sorriso triste. Ela parece cansada, umas olheiras fundas, mas sorri para mim durante as instruções da minha mãe e quando ela sai a Amanda diz: "Tudo bem? Por que tá com essa cara assustada?". Eu: "Ué, te convido pra vir aqui faz um século e você foge de tudo que é jeito, aí você aparece no sofá tomando suquinho com a minha mãe, seu pai sabe que você saiu de casa?". Ela já ligou pra ele: "Uma e quarenta e cinco, lembra? Até umas quinze pras cinco posso ficar aqui sosseg...". Eu: "Mas...". Ela: "Vai, vamos comer, tô morrendo de fome". Eu: "Você é estranha mesmo". Ela: "Aaaah, e você não, né?". Chegamos na cozinha já dando risada uma da outra, quando a Amanda me abraça: "Malu, você me dá coragem". Fico meio emocionada, meio sem graça. Queria que ela fosse minha irmã. A Amanda é a primeira pessoa com quem eu quero falar todos os dias e a última também. É a pessoa de quem eu mais gosto, mais do que qualquer menino. De menino eu gosto, depois deixo de gostar, só ano passado gostei de uns três. Amiga como a Amanda é só ela. A gente se separa e sempre fica faltando falar mais alguma coisa, mesmo depois de horas conversando. Quando ficamos sem falar foi o pior castigo. Fiz um pacto comigo: se não der para evitar magoar algumas pessoas na vida mas der para escolher uma pessoa protegida, a Amanda é a pessoa que eu nunca mais quero magoar.

Comemos, eu mais do que ela, só para contrariar minha mãe. Ela quer me mostrar uma coisa, tira da mochila um papel dobrado, amassado e sujo de terra, vai desdobrando e vejo que é aquele cartaz da Sociedade Secreta da Mamona. Ela vira o papel e lê:

Amanda, você sempre fala sobre como queria ter mais da sua mãe na sua vida. Este lugar que encontramos é um presente que a sua mãe deixou, lembra quando ela brincava com a gente de passa-anel, corre-cutia, roda, amarelinha, tudo com aquelas mamonas que a gente pegava à toa pra fazer guerrinha? Lembra de quando ela abaixava, enfiava as mamonas na terra, limpava as mãos na calça e falava — a Amanda sorri quando lê —: *Simbora, cambada! Você não sente saudade de como a gente se divertia? Eu sinto. Assinado: Enrico.*

Ele faz a Amanda lembrar de um tempo em que a vida dela não era prisão, é a única pessoa que sobrou daquele tempo bom. Ainda sinto ciúme, mas estou começando a entender o tamanho da amizade deles.

●●●●●●

Será verdade que o círculo é uma forma perfeita?
•

Vamos correndo, aproveitar, cada, minuto. Ela: "Calma, Ma-lu, tô ficando, sem, fôlego, você, parece, um, diabo-, da-, tasmânia, me, espera". Chegamos rindo, sem fôlego, já estão o Enrico e o Felipe sentados em umas pedras que eles carregaram sei lá de onde. Quatro pedras formando um círculo, uma para cada um de nós, gostei demais disso. Já sei: "Stonehenge, gente, Sociedade Secreta da Mamona meio que entrega onde fica o esconderijo e além disso é bem infantil, né?". Aprovado. Nosso Stonehenge. Como eu gosto de ter esses amigos.

・・・・・・

Aqui no meu caderno eu posso tudo.
・

Aqui não tem mãe nem pai mandando ir para o quarto quando digo o que não querem que eu diga, posso escrever raiva, escrever amor, posso ser besta que ninguém vê, posso escrever sonho, mando em tudo. Posso escrever que odeio o pai da Amanda. Posso mandar ele para longe e imaginar outra vida para ela, nada de viver presa, vigiada, controlada o tempo inteiro. Já tentei descobrir por que esse homem precisa tanto controlar cada passo dela. Não tem explicação. Ele quer assim e pronto, tem que ser. Parece que ele tinha uma semente de coisa ruim e quando a mãe da Amanda morreu a semente brotou e tomou conta de tudo. Ele não pode ser contrariado. Ele manda e deve ser obedecido e se não acontece exatamente como ele planejou ela sofre as consequências. A Amanda sempre de castigo. Ela

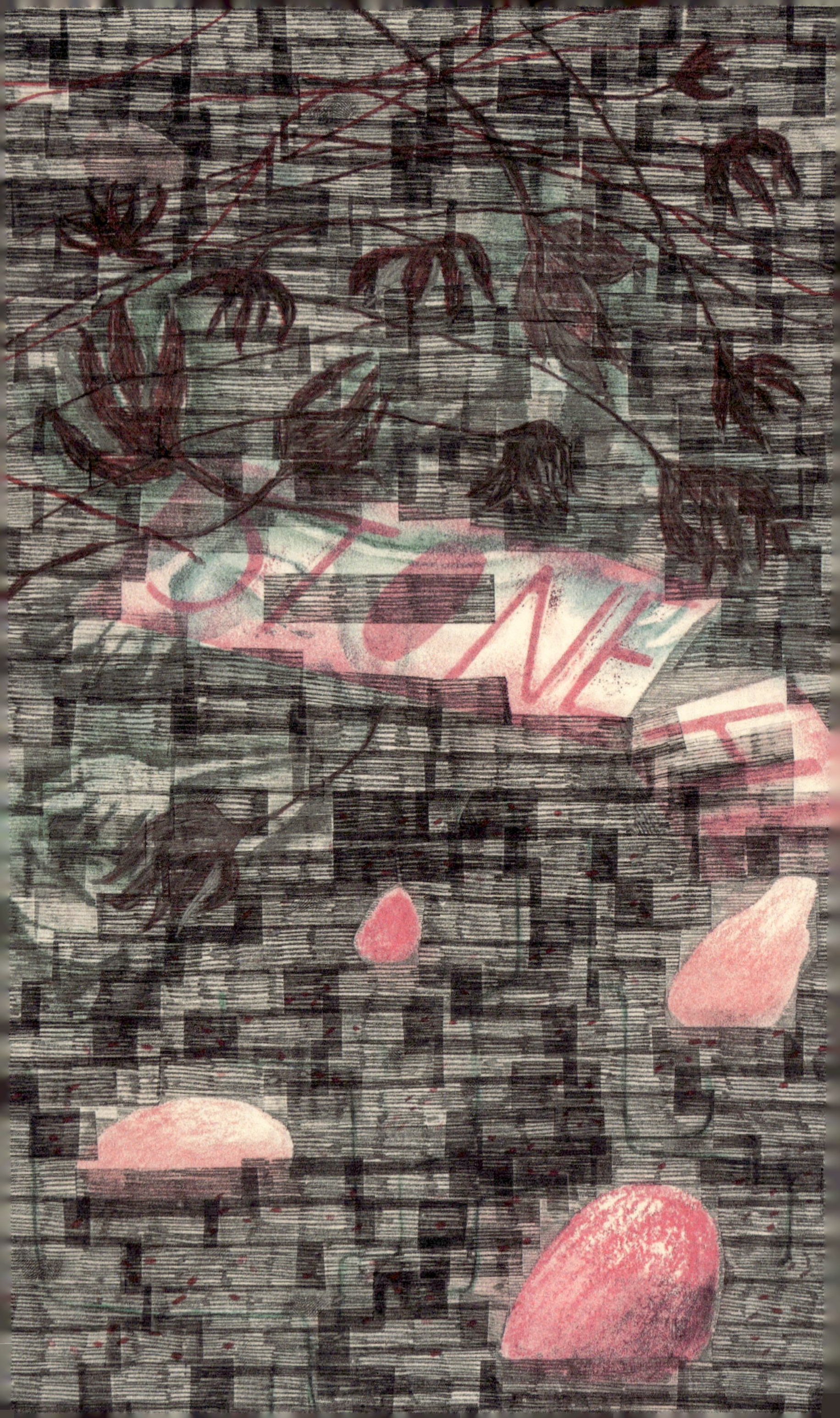

vive um castigo. A Amanda sabe que não gosto dele e tenta mostrar o lado bom. O lado bom do pai dela é uma história antiga, de outro tempo, conto de fadas: ele era engraçado, ele brincava, ele fazia as comidas preferidas dela, da mãe também, ele penteava os cabelos e cortava as unhas dela com tanto cuidado que era um carinho.

Eu sei que ninguém é perfeito. Meu pai é a pessoa que mais admiro, mesmo que tantas vezes ele me decepcione, tantas vezes quero um pai diferente, mas ele chora em filme (eu também), ele para tudo para ajudar alguém na rua quando você menos espera, ele é engraçado de um jeito azedo, mais irônico do que engraçado, é um cara inteligente, e mesmo assim diz coisas que me fazem duvidar de que sou mesmo filha dele.

・・・・・・

Acho que minha mãe gosta de mim. Mas gosta mais do meu irmão.

・

A Amanda fez uma pulseirinha de linha para o João. Na escola todo mundo pede, ela sabe os trançados mais lindos. Quando ela leva as linhas fica todo mundo em volta dela no intervalo, às vezes eu ajudo a fazer uma listinha com os pedidos. A Amanda é mais tímida do que eu mas ela tem mais amigas, amigos também. Ela tem um jeito de falar com cada pessoa, um jeito que faz a gente se sentir importante, ela escuta de verdade quando a gente fala, deve ser isso que faz todo mundo querer estar perto dela. Foi dela a ideia de fazer uma pulseira com as cores da Jamaica. Falei uma vez, tem tempo, que o João é fanático pelo Bob Marley. Ela não esqueceu. A Amanda caprichou, ficou linda, bem no meio escreveu PEACE. Adorei. Mandei pelo correio. Acho que já faz uns cinco dias que mandei, já deve ter chegado, será que não? Fiquei esperando mensagem mas ainda não veio nada e não quero perguntar para não estragar a surpresa.

・・・・・・

Chega de calçada.

・

Nossa nova rotina: resolver o telefonema da Amanda para o pai dela às 13h45 e pronto. Nosso Stonehenge: ficamos lá até os pernilongos chegarem. Começam a picar e a Amanda lembra do medo, sempre na cola dela: "Tchau, até amanhã, a gente se vê na escola".

・

E, então, outra vez
    sombra
    conversa
    violão
    queen, arnaldo, liniker, marisa

rap: sim
funk: talvez
sertanejo: dá briga
arnaldo é o antunes,
a marisa, qual,
monte, vê se aprende música boa
risada
cantar desafinado
gritar
desenhar no chão de terra
escrever poemas ruins na terra é bom, o pé apaga
risadas
espirro
o que vamos fazer nas férias?
zunido
zumbido
picada
outra picada
tchau
corrida
até amanhã

•

Pensa no tempo dos druidas: tudo era melhor naquele tempo (sem analisar muito, só acredita um pouco nessa ideia). Contar o tempo com a ajuda da natureza, viver com a luz do Sol e do fogo, tudo mais quente e acolhedor no filminho que passa na minha cabeça. Sem aquecimento global. Tudo bem que na vida real devia ser um inverno de neve desgraçado e congelante, os druidas não deviam contar com muito verão. Mas volta para o sonho: danças circulares, tudo em tons pastel, a vida na Antiguidade toda linda. Até chegarem os romanos: alvo principal: mulheres. Seria legal ser druida se eu fosse o Merlin — não mulher —, o mago que faz o impossível, sabe de tudo e ninguém sabe nada dele. Misterioso, gostaria de ser misteriosa, já tentei mas não funciona, minhas tentativas de ser misteriosa sempre são interpretadas como personalidade antipática. Mulheres e homens druidas, será que viviam em igualdade? Sacerdotisas, oráculos, mulheres poderosas metiam medo nos cavaleiros que procuravam magia: já valeria uma volta no tempo. E dançar em Stonehenge em uma noite de Lua também.

♥

O Enrico curtiu a foto de uma menina da escola. Curtiu e comentou: ♥. Escrevi para o meu irmão com a desculpa de que estava com saudade e entrei no assunto do coraçãozinho. Ele disse que curtir foto não significa nada: mas se vc quiser, míni, eu dou uma enquadrada no moleque na próxima vez que eu for pra casa.

O João não evolui do comportamento machinho alfa.
João: ahhh amei a pulseira, míni ♥ ♥ ♥

•

Fiz uma panela de brigadeiro e comi (escondida da minha mãe) até enjoar. Não resolveu a tristeza pelo coraçãozinho, mas brigadeiro é sempre ótimo.

• • • • •

Olhando agora a sombra da árvore sobre a calçada, parece que vejo um colo.

•

Hoje a Amanda não apareceu quando toquei a campainha no horário combinado. Escutei gritos e decidi não tocar uma segunda vez.

Mais tarde ela me conta: ele ligou, ela não atendeu. tuuuutuuuuuuuuuuu tu tuuuutuuuuuuuuuuu tu tuuuutuuuuuuuuuuu tu tuuuutuuuuuuuuuuu tu tuuuutuuuuuuuuuuu tu tuuuutuuuuuuuuuuu tu tuuuutuuuuuuuuuuu tu tuuuutuuuuuuuuuuu tu tuuuuu...

Até imagino o pai dela surtando quando o telefone chama e ninguém atende: chaves, chaves no bolso, chaves na mão, botão do elevador, aperta uma duas três, o elevador vai chegar mais rápido se ele apertar umaduastrês, bate a porta do carro tão forte, sai cantando pneu, xinga, soca o volante até machucar, a cara toda vermelha, suor escorrendo, a camisa azul-clara molhada nas costas, duas rodelas enormes de suor azul-escuro no sovaco, quase bate o carro, quase atropela uma mulher que atravessa a rua com um carrinho de bebê, vai, vai, vai, sai da frente, mulher, ele não tem o dia inteiro, bate o fundo do carro com tudo na lombada, joga o carro na garagem, parece que não vai parar a tempo, imagina se ele fura com o carro a parede da própria casa, entra e bate forte a porta.

O pai da Amanda grita, ele grita muito alto. O discurso não é novidade, acho difícil alguém da rua nunca ter ouvido: "Você sabe como é perigoso na rua, preciso saber que você está segura dentro de casa pra poder trabalhar em paz, que desgraça, você não me ajuda, Amanda, você não consegue obedecer, não tenho um minuto de sossego com você, que inferno!".

A Amanda insiste: esqueceu o telefone fora da base e acabou a bateria, por isso não atendeu, depois percebeu, colocou de volta na mesma hora, não ligou do celular por quê? porque não eram 13h45.

Os gritos duraram muito, voltei ansiosa para casa esperando mensagem da Amanda. Os gritos duraram muito e ainda assim foi menos tempo do que demorou para ele acreditar que ela não tinha saído de casa contra as ordens dele. Fiquei pensando sobre como é estranho alguém ainda ter telefone fixo em casa.

······

Cortinas fechadas por três dias, nem consegui saber se tinha alguém em casa.

•

A Amanda sumiu dos nossos encontros na calçada. Também faltou na escola. A explicação que ela deu: "Eu e meu pai pegamos uma virose". "Mas por que não respondeu mensagem, Amanda?" O pai a deixou de castigo sem celular por causa do dia em que ela não atendeu quando ele ligou em casa. Agora ela está mais quieta na escola e o pai começou a buscar de carro. Cada pequeno passo que a Amanda tenta dar faz ele apertar mais a corrente invisível. Nem para me oferecer carona. Aquele pai dela é um idiota mesmo. Ele é bem capaz de deixá-la em casa às 13h30 e mandar ligar para dar notícia às 13h45. A Amanda está estranha. Ela diz que está atrasada em Matemática e precisa estudar mais antes de chegar a época das provas. Também reparo que ela está se vestindo diferente (fico com mais calor só de olhar para a Amanda toda coberta), mas não comento nada.

Não contei mas devem ter sido umas cinquenta vezes que minha mãe repetiu: "Nossa, como o pai da Amanda é estranho!". E eu, pensando que ela vai concordar comigo agora: "O pai da Amanda é muito esquisito, mãe, ela não pode fazer nada". Aí, minha mãe diz: "Ele é superprotetor, tem muito pai assim, larga do pé do sujeito, quando você cisma ninguém te aguenta".

••••••

Eu não gosto, ou melhor, eu não gostava de morar aqui.
•

Minha mãe está no Rio para resolver uns últimos documentos do apartamento. Queria estar lá também. Meus pais venderam nosso apartamento na Tijuca para uma mulher com três filhos. Gostei dela. Minha mãe não gostou e foi julgando: "Os filhos são cada um de um pai, a mulher sai por aí tendo filho e nem consegue manter uma família". Engraçado, achei a família deles mais "mantida" do que a nossa; tenho pai e mãe casados vivendo na mesma casa, se falam quase nada, dão aquele beijo murcho, automático, como trancar a porta de casa sem atenção e voltar para ver se fechou mesmo. Meu irmão mora em outra cidade. A gente sente saudade de ficar os quatro juntos, mas quando estamos não passam cinco minutos sem alguma palavra que espalhe cada um de nós pela casa como milho de pipoca quando estoura longe. Na primeira vez que a mulher e os três filhos entraram para conhecer nosso apartamento o clima mudou, eles pareciam gostar muito de estar juntos. Um fazia piada com o outro, com a mãe, eles se provocavam também, mas era tudo com graça, era um jeito diferente do nosso, muito diferente, a palavra que melhor descreve isso é: leveza. Nossa família pesa. O que faz a gente ser assim? O que faz uma família ser leve ou pesada? Será que é coisa do casal que passa para os filhos? DNA? Os filhos dessa mulher têm sorte, ela tem um brilho, a sala até pareceu mais clara com ela dentro. Já sei por que minha mãe não gostou dela: a mulher tem peito, quase que os peitos pulam do decote, ela tem gordura a mais no corpo e usa roupa justa, curta, ela se gosta, não esconde o corpo, não disfarça, tem cara de quem gosta de comer. Essa família deve gostar de comer e dar risada enquanto come disputando o último pedaço de alguma coisa gostosa como se a vida deles dependesse disso, mesmo todos já satisfeitos, só pelo prazer de ganhar o último pedaço e cometer com orgulho um ato guloso. Eles vão fazer do nosso apartamento que já não é mais nosso um lugar feliz. Eles vão ficar juntos na cozinha se acotovelando e gritando, brigando também, mas rindo também, e provando as comidas e lambendo os dedos, vai ter vida na cozinha, e vida na mesa, e migalhas de biscoito no sofá. As migalhas vão se repetir no sofá até as chamadas de atenção virarem migalha de bronca para o que nem mesmo a mãe dá importância.

 A viagem da minha mãe não tem nada a ver com os documentos do apartamento, ela não aguenta ficar longe dele, meu irmão liga e os olhos dela enchem: tanto faz assunto feliz ou problema. Ela vai ficar uma semana. Aqui estamos eu e meu pai: "Malu, arruma minha cama". Eu: "Como? Arruma você, pai". "Não sei arrumar cama." "Aprende, pai, já tá atrasado pra aprender isso, hein?!" Ele se invoca: "Arruma essa cama, não estou pedindo, estou mandando".

•

Estou gostando do grupo sobre feminismo, só que ninguém conseguiu me explicar como faz para ser feminista numa família como a minha. A Amanda eu talvez achasse mais fácil ser feminista. Ela não é. Mas acho que seria mais fácil. Porque o pai dela, ele engole todo o espaço, todo o ar, toda a alegria da Amanda. E se revoltar contra esse tipo de coisa parece mais fácil porque está muito na cara que é tudo errado. Se eu conseguisse sentir raiva do meu pai talvez eu conseguisse fazer alguma coisa quando ele é machista. Mas é tudo confuso, meu pai é tão carinhoso, ele é tão engraçado quando está bem. Ao mesmo tempo é tão incapaz de me ver. Às vezes acho que o maior problema com meu pai não é machismo, é a doença dele. Não conheço ninguém que tem pai deprimido, será que existe grupo para falar disso?

••••••

Quando bate um vento sinto falta do cheiro de maresia e me dá vontade de chorar.

•

Meu pai aparece na porta da escola. Quando ele engrossa, como diz minha mãe, depois se arrepende e quer compensar fazendo alguma fofura. Vamos almoçar fora hoje, pastel e caldo de cana com abacaxi na feira, nossa comida preferida, e secreta, só quando minha mãe não está. Meu pai já foi minha pessoa preferida. Ele sempre foi mandão. Mas me fazia rir. Agora, mudo, segura o pastel, come para sobreviver, não porque o pastel está ótimo, a cara enfiada no celular, parece um zumbi, tem um corpo aqui na minha frente, mas não é meu pai. Não sei bem quem ele é.

Ele diz que aqui tem mais oportunidades de trabalho para quem é independente, por isso a nossa mudança para São Paulo. Meu pai sente saudade do mar. Isso a gente tem em comum, também sinto falta de mar como se... Impossível explicar.

Depressão. Foi o diagnóstico depois de meses de cama amassada impossível de arrumar. Era sempre noite dentro daquele quarto. O pior já passou. Mas meu pai nunca mais foi o mesmo. Dias bons, dias ruins. Ele trabalhou no mesmo jornal por quinze anos até ser demitido por *e-mail*, não tiveram a decência de chamar para uma conversa olho no olho.

Quem nunca viveu perto do mar pensa que a gente sente saudade de ir à praia, não é isso. É o ar, o cheiro, é saber que o mar está lá, é descer do ônibus apressada para chegar num lugar chato para fazer alguma coisa chata e de surpresa ele aparecer: você passa numa rua e entre dois prédios e um lixo que fede, por um rasgo na cidade, você vê aquele azul-esverdeado, verde-azulado, azul-marinho e preto, depende da hora, ou se chove ou faz sol, depende do seu olho.

Meu pai toma remédio mas acha terapia coisa de gente que não tem mais o que fazer. Eu queria fazer terapia, algumas amigas que têm grana fazem. Deve ser bom. Tipo ir para a Disney. Se bem que estou começando a achar que a Disney é justamente um tipo de coisa nesse mundo que leva as pessoas a precisarem de terapia. O Enrico diz que o rato é do mal. Eu odeio a Minnie, está sempre querendo agradar o Mickey. Mudei: não quero ir para a Disney. Mas fazer terapia, talvez. Porque essa vida com meu pai não dá para resolver sozinha na minha cabeça, vivo amassada: igual o lençol da cama que ele não sabe arrumar sozinho.

・・・・・・

**Por que o pai da Amanda não deixa ....?
Qualquer pergunta recebe a mesma resposta:
não pode.**

・

Faz quase um mês que a Amanda não pisa no Stonehenge com medo do pai dela perceber as escapadas que ela dá (até o portão e um terreno na frente de casa!). Depois daquele dia do telefone sem bateria ela não quis mais saber de sair. Passo na casa dela e insisto para irmos lá no nosso esconderijo só um pouquinho. Ela vai dando desculpas cada vez mais criativas, mas agora me olha séria e pergunta se pode confiar em mim. Lembro do pacto que fiz de nunca mais magoar a Amanda. Respondo com tanta confiança em mim mesma como a melhor amiga que ela pode ter que, acho, ela percebe que estou do lado dela em qualquer situação. Então a Amanda diz que vai me pedir uma coisa mas eu não posso fazer nenhuma pergunta. Na verdade, eu queria muito perguntar por que agora ela só anda toda vestida desse jeito, mas, tá, aceito. Ela: "Malu, se acontecer de eu sumir aqui de casa e da escola outra vez você fala pra mãe do Enrico que ela precisa ligar pra minha tia". Ouvir isso me assusta e pergunto: "Por quê?". Ela me olha séria e diz: "Sem perguntas, lembra? E não fala sobre isso com ninguém". "Os meninos estão te esperando lá no Stonehenge, faz uns vinte minutos que passaram por aqui." Ela me dá um beijo e entra em casa.

Como não fazer perguntas? Tenho uma lista de perguntas. Sinto um medo crescer enquanto ando em direção ao Stonehenge. Os meninos estão falando de algum jogo mas não ouço o que dizem. É como se meus ouvidos estivessem tampados com cera, só escuto um blá-blá-blá e fico presa na lista de perguntas que não posso fazer para a Amanda. Repasso cada uma e todas continuam sem resposta.

••••••

Ficar à toa: só não gosta quem nunca experimentou.
•

Não é a mesma coisa sem a Amanda mas eu gosto de ficar no esconderijo com os meninos. Agora que a gente já se conhece melhor, o Felipe fica menos tímido comigo. Ele é engraçado, senta com a gente quieto, ouve um tempão, aí do nada solta alguma coisa fora de contexto, como quando a pessoa continua em voz alta um pensamento que já está acontecendo faz uns dois minutos dentro da cabeça.

    Ainda não conversei direito com o Enrico depois daquela vez que falei mal da Amanda, tentei pedir desculpas mas ele fingiu que não sabia do que eu estava falando. Cada vez que encontro com ele sinto o coração nos ouvidos, parece que vai explodir, a boca seca. Agora o Felipe fala que precisa ir para casa fazer lição e minha boca seca mais. Ficar sozinha com o Enrico, esse silêncio, aimeudeusdocéu. Ele puxa um assunto e logo a gente está discutindo se existe sapo que vive em bromélia, minha boca menos seca, está melhor, o Enrico tentando pesquisar no celular, não vale! Sento bem pertinho para ler o que ele encontrou, aí ele fala: "Sabe que esse seu nariz meio torto é bem bonitinho?". Penso: bonitinho é o seu, que é perfeito, mas não tenho coragem de falar. Agora que não preciso pensar em silêncio não consigo fazer de outro jeito. Que vontade de beijar o Enrico, achei que não ia mais querer beijar depois daquela primeira vez com o garoto da língua perseguidora, melhor não lembrar agora para não estragar o momento, bom, acho que ele também quer me beijar, chegamos mais perto até

um beijo macio, gostoso e quentinho, molhado sem ser nojento, eu queria que durasse para sempre. Ficamos meio sem graça depois e o jeito é continuar beijando para espantar a vergonha.

Foi...

Não tenho como explicar.

Escrevi no meu caderno sobre o beijo, mas também não explicou.

••••••

Ahhhh! O primeiro amor é como escorregar de barriga no arco-íris!

•

Ele me deu o primeiro caderno para anotar uns poeminhas bregas que eu escrevia com dez, onze anos, cheios de pontos de exclamação. Meu pai adorava os poemas. Parece que faz muito tempo, mas até que não. Ele sempre gostou de escrever. Eu também. Outra coisa que temos em comum. E ainda tem também gostar de ler um livro ao mesmo tempo e competir para ver quem termina primeiro, mudar de lugar o marcador de páginas do outro só de sacanagem. Depois conversar sobre o livro. Comer jiló, gostar de cortar as unhas para ouvir o tléc-tléc do cortador. Ele continua trazendo os cadernos de vez em quando, vermelhos para ele, azuis para mim. Os dele continuam esperando tinta que nunca chega. Eu gostava de mostrar os meus textos mas percebi que agradar meu pai era mais importante do que escrever o que eu queria. Ouvi uma escritora dizer que não pensa em ninguém enquanto escreve. Agora eu faço isso. Mais ou menos. Escrevi uma história sobre um cara metido a palhaço que viaja com a família e resolve fazer graça no parapeito de um mirante, escorrega e se espatifa lááááááááá no chão, tão longe que vira poeira. Meu pai ficou magoado porque tem certeza de que o palhação foi inspirado nele. Até foi. Mas não chamava Reinaldo. E tem muito, muito tempo que meu pai não faz uma graça. Então neguei até o fim: "Pai, você não sabe que ficção não sente remorso?". Depois desse dia ele não trouxe mais nenhum caderno.

•

Até agora nada de mensagem do Enrico. Será que ele curtiu mais alguma foto daquela menina? Será que beijo mal? Lembro do meu irmão conversando com um amigo dele: a menina estava com a língua nervosa, toda dura... Eu estava nervosa e toda dura, mas o que senti foi tudo bom, será que o Enrico vai querer continuar só amigo depois do nosso beijo? Não sei se consigo. Gosto muito dele.

•

"Vai mãe, compra aí um caderno pra mim." Ela: "O seu pai não quer mais te dar os cadernos, isso é problema de vocês, não me meto nessa briga". "Mãe, você não acha absurdo meu pai se meter no que devo ou não escrever nos meus cadernos?" "Malu, já falei que não estou interessada na sua briguinha com seu pai. Isso você resolve com ele."

••••••

Sou uma bomba armada.

•

"Amanda, tenho que te contar, ai meu deus, vem, Amanda, vamos logo lá nas mamonas quero te contar uma coisa vem logo tem que ser lá quero te levar onde aconteceu." Ela diz que o pai está desconfiado, melhor não sair de casa.

"Vai, amiga, é muito importante."

Ela diz: "Tá bom, mas tem que ser rápido".

Contar para a Amanda vai ser tão bom quanto beijar. Na verdade, não, beijar foi melhor que tudo nessa vida, o beijo foi incrível, mais incrível do que tudo. Não sei se vai acontecer outra vez. Mas foi maravilhoso. Finalmente vamos indo e ela pergunta: "O que aconteceu, Malu? Conta logo!". "Tô louca pra contar, corre, corre, vamos logo." Quero contar no exato local do beijo. Chegamos.

Enrico e Felipe sentados, não acredito, agora não posso contar. É a primeira vez que a gente se vê depois do beijo, minha cara pega fogo de vergonha, o Enrico levanta rápido como se tivesse levado uma mordida de formiga na bunda. A Amanda não é boba, olha para mim, olha para ele: "Ei, vocês têm alguma coisa pra me contar? Ai, o que é isso, o que é isso?".

Amanda está com ciúme, não acredito, ela gosta do Enrico, sabia! Nunca falou nada, será que ela já namorou ele e não teve coragem de me contar? Agora ela vai brigar comigo. Tudo isso um segundo e, então, ela começa a se sacudir: tira, tira, tem um bicho! Ela vai ficando vermelha, até dentro dos olhos, esfrega, grita, esfrega mais, agora incharam os olhos tão lindos da Amanda, agora duas bolas vermelhas, ela desesperada. Eu tentando olhar na blusa, tento achar onde, cadê o bicho? O Enrico-estátua, não se mexe, não fala. O Felipe rodando, rodando. Eu grito: "Corre, Felipe, chama alguém!".

A alergia a insetos da Amanda: eu achava que era meio frescura.

•

Ela puxa ar, tosse, os olhos duas bolas, eu grito tira a blusa e ela não deixa eu tento levantar ela abaixa eu não entendo quero ajudar ver se consigo achar alguma picada algum inseto. Consigo levantar um pouco a blusa dela, vejo uma coisa mas não encontro o inseto, ela me empurra e continua se debatendo sem parar. Agora entendo. O que vi não vai mais sair da minha cabeça.

•

Mesmo apavorada com o inseto picando, a Amanda não quer tirar a blusa. Desmaia. Socorro, tento acordar minha amiga, socorro, vou rasgar a garganta se gritar mais alto, o Enrico finalmente sai do transe e vai correndo ver se o Felipe conseguiu achar algum adulto. Na direção oposta vem o pai da Amanda, quase passa por cima do Enrico, cadê minha filha, cadê minha filha, ele tem uma seringa na mão, já sabe, o Felipe encontrou ele chegando em casa do trabalho, injeta na perna dela por cima da calça mesmo. A sirene de uma ambulância desafinada vem se aproximando, parece um choro alto, mais alto que o meu. Quando o pai da Amanda pega a filha do chão, abaixa a blusa que por um instante deixou ver as marcas roxas, amarelas e pretas, eu sei o que são, já vi fotos de machucados assim. Carregando a Amanda como um brinquedo quebrado, ele sussurra bem perto de mim, para mais ninguém ouvir: você não viu nada.

A frase dele é uma bomba. Um apito agudo no ouvido, me lembra um filme de super-herói: explode tudo e quem sobra mais ou menos inteiro segura os ouvidos. Nessa hora ninguém sabe se está mesmo vivo.

E agora eu — eu sou a bomba — explodo a qualquer momento.

••••••

Nenhuma surpresa nos olhos dele: o pai conhece as marcas no corpo da filha.

•

Ele corre com ela para casa enquanto a ambulância estaciona na frente do terreno onde tem um monte de gente parecendo um enxame de vespas. Ninguém viu nada direito. Duas, três perguntas dos paramédicos e alguém aponta a casa da Amanda. Uma socorrista vai até lá e o pai da Amanda já está no portão, calmo, sorri tão simpático, se desculpa pelo incômodo… "Que alvoroço, sabe como é vizinho, já apliquei a injeção, não foi nada, não, ela está bem, tomando banho, não precisa checar nada, não, foi pânico das crianças, ninguém devia ter chamado ambulância nenhuma, eu tô acostumado, ela tem essa alergia desde bebê, já conversei com a médica pelo telefone, amanhã vamos lá pra ela dar uma olhada".

Em volta da ambulância que manobra para ir embora vazia, a vizinhança e sua curiosidade-urubu rondando carniça: "É claro que a menina aprontou". "Pobre daquele pai, criar menina sozinho." "Menina é problema, muito mais difícil que menino, ainda ter que passar por isso." Meus pais já perderam o interesse e voltam para casa como se nada tivesse acontecido. Eu também me comportei tantas vezes como se nada estivesse acontecendo: tantos dias na hora do tchau via os olhares tristes da Amanda na direção de casa antes de entrar de volta. Eu não queria mesmo saber, era melhor não saber.

Vem o escuro, sinto os bichinhos de verão voando em pequenas nuvens e então me lembro de voltar para casa. Vou chorando enquanto penso nas marcas no corpo da Amanda: são como sombras do pai dela.

Abro a porta, meu pai não me olha, sinto uma tristeza que esmaga toda vez que vejo ele assim derrotado porque não tem trabalho para entregar. Já sei que não adianta esperar que ele me console. A essa hora ele já foi sugado pela tela da TV, é como se estivesse só o corpo, um corpo feito de geleia que vai escorrendo pelas beiradas do sofá. Sem forma, não parece com ele, não parece nada.

Minha mãe grita qualquer coisa lá de dentro mas nem se dá o trabalho de vir falar comigo para saber se está tudo bem. Me tranco no quarto e choro até secar, penso na Amanda, penso nos meus pais que não me veem, estou sozinha nesta casa. Cada onda de choro faz meu estômago parecer um estilingue.

· · · · · ·

O corpo entende que precisa chorar.

·

Meus olhos estão grudados, remela de choro, demoro um pouco lavando até soltar as pálpebras. Minha mãe resolve me acompanhar até a escola hoje, eu estranho. Na frente do terreno das mamonas tem um grupo de moleques dando risada de alguma coisa no celular de um deles. Enquanto vamos passando, escuto: "A menina saiu com a cara inchada que nem um balão ali de dentro, minha mãe falou que ela tem alergia, mas deve ser tudo mentira, ela fez alguma coisa errada e inventou essa desculpa de alergia". Parto para cima: "Cala a boca, vocês não sabem de nada!". Os meninos ficam meio assustados, meio se divertindo. Minha mãe me puxa pelo braço com força: "O que é isso, que agressividade é essa, o que as pessoas vão pensar de você, e pior, de mim, que não sei educar uma menina com modos, a Amanda não tem mãe mas você tem".

Solto o braço com um puxão e vejo nos olhos da minha mãe um medo. "Quero andar sozinha até a escola, mãe, tchau."

......

Odeio rosa.

.

Ela comprou um caderno. Rosa. Está em cima da cama esperando por mim. Acho que minha mãe não me conhece.

Com quem eu converso sobre as marcas no corpo da Amanda, estou errada outra vez? Na minha cabeça o pai dela era tão culpado da destruição da horta, e aí não era. Vi quando ele riu passando para ir ao trabalho, tive certeza! E errei tudo. A Amanda ficou brava comigo.

E não foi ele, foram os cachorros do seu Carlos.
E também prometi não magoar a Amanda outra vez na minha vida inteira. O que faço, ela está amarela, verde, roxa, preta, o corpo todo marcado, eu sei que não foi machucado por causa da picada de inseto, mas vão dizer que foi isso se eu falar, ela se debateu muito no chão, eu sei que não foi isso e o pai dela também sabe e me mandou fingir que não vi quando abaixou a blusa dela para esconder as marcas, e se eu estou imaginando? Detesto tanto aquele homem, será que imaginei, será que sonhei? Eu sonho muito, será, como é que só eu estou vendo? Com quem eu converso, quem me ajuda, quem ajuda a Amanda?

•

A diretora entra na classe e anuncia: "A Amanda Ribeiro já está bem. Ela recebeu uma licença de saúde e só vai retornar quando a médica dela autorizar. Por favor, organizem um rodízio com alunos dispostos a manter atualizados os registros de aula nos cadernos da Amanda, o pai dela virá buscar no fim da semana para que ela acompanhe as matérias".

Será que posso conversar com a diretora, melhor não, ela ainda não me conhece tão bem, ela não vai acreditar em mim, como ajudo minha amiga, como descubro se a Amanda está bem?

••••••

Sinto culpa por ter uma parte de mim tão feliz.
•

Mensagem do Enrico: oi, quer encontrar lá no Stonehenge?

Meu coração vai explodir. Penso no Enrico o tempo todo, com os olhos fechados vejo o cabelo muito preto, vejo o rosto com dois olhos grandes que brilham, aquele sorriso maravilhoso, ele é tão lindo, quero ficar de olhos fechados o máximo possível, quero encontrar com ele, claro, mas o que vou falar, e se ele quiser beijar outra vez, vai ser estranho, quem começa eu ou ele, os dois ao mesmo tempo só em filme romântico, melhor inventar uma desculpa para não encontrar, será que beijo muito mal, e se depois do beijo ele quer ser só amigo? Que coisa, nem consegui contar do beijo para a Amanda, não tenho como falar com ela, agora não tenho ninguém para me ajudar com isso.

Escrevo: quero mas tô cheia de coisa da escola, tô com os cadernos da amanda pra fazer esta semana. qdo terminar te aviso pra gente se ver.

Ele: ♥

Eu, quase morrendo depois desse coração: bj

• • • • • •

Plano de ação.
•

Me ofereço para levar os cadernos da Amanda a cada dois dias. Melhor do que uma vez por semana, moro do ladinho.

A diretora gosta: "O pai da Amanda ficará muito grato, Maria Luísa". Com certeza não, mas ela não precisa saber. Eu levo os cadernos e no primeiro dia quem atende a porta é ele. Grosso. Antes de terminar minha pergunta: "A Amanda está bem", ele bate a porta na minha cara. Na segunda vez escolho outro horário. Ele está lá para receber os cadernos. Na terceira, na quarta, na quinta, ele está sempre lá, ele é onipresente, aprendi essa palavra e nunca usei, perfeita para o pai da Amanda, ele vai trabalhar em casa por duas ou três semanas até ela se recuperar completamente. As manchas no corpo dela mudarão de cor até desaparecerem completamente, é isso o que ele quer.

A diretora me chama e diz: "O pai da Amanda ligou e agradeceu muito e disse que não precisamos sobrecarregar você com peso extra na mochila, ele passa para buscar os cadernos aqui. Eu insisti, imaginei que você não se importaria, Maria Luísa, são poucos cadernos de cada vez e não nos custa nada a gentileza, você concorda?". "Concordo sim, concordo, a Amanda é minha amiga, é um prazer levar os cadernos pra ajudar."

O seu Carlos sabe como gosto da Amanda. Será que posso falar com o seu Carlos sobre as manchas no corpo da Amanda, ele é tão boa pessoa, mas e se ele comenta alguma coisa na hora de acertar o troco do jornal e o pai dela fica com raiva e a machuca mais ainda, e também naquele dia que os cachorros destruíram a horta o seu

Carlos não estava só triste, acho que ele ficou meio decepcionado comigo, com o jeito como saí acusando o pai da Amanda por aí.

Passo agora pela banca com mais uma leva de cadernos, ele pisca e diz: "Corre que o homem foi no escritório buscar uns documentos de trabalho". Ele vê tudo o seu Carlos, bom, quase tudo, e ele sabe que a gente deve estar sentindo muita falta de passar a tarde toda conversando. "Um beijo pro senhor, seu Carlos, meu vizinho preferido depois da Amanda, quer dizer, depois da Amanda, do Enrico e da mãe dele, bom, com ela o senhor tá empatado, não interessa isso agora que preciso ir rápido tchau mas adoro o senhor viu o senhor é o melhor."

Campainha, cortina, coração: a frestinha da porta e a Amanda vindo até o portão. Sem sorriso. Vou logo perguntando: "Oi, você tá bem? Que saudade!". Ela também está com saudade: "Tô bem, foi mais o susto, a médica falou que o desmaio foi de medo, nem foi nada tão grave assim, mas agora você viu que não é frescura, né?". Tô mal com isso: "Ai, eu sei, me descul". Ela: "Não precisa, e fiquei sabendo que foi você que ficou firme, os meninos travaram, né?".

Um sorriso.

Estou mais aliviada agora que ela está na minha frente. Começo a contar: "Ai credo, pior que foi, o Enrico travou e o Felipe parecia que tinha entrado em *looping* eterno, mas você sabe que meu grito é poderoso".

A gente ri. Ela quer que eu conte tudo: "Ainda bem que você grita, né, tava louca pra falar com você mas meu pai tirou meu celular, tô de castigo". Eu: "Percebi, saco, né, vi que você nem respondeu nada que te escrevi".

Ela: "É."   "Cuidado, tá, ele tem minha senha."

Eu: "Sei, amiga, não escrevi nada de mais, só queria saber como você tava".

Ela quer saber se está tudo bem na escola e vai direto ao assunto: "E o Enrico, vocês tão ficando? Desconfiei naquele dia, me conta, fala que sim, vai, vocês combinam muito!".

"Não sei ainda, foi só um dia, a gente se beijou e." Ela dá um grito: "Finalmente! Como você não me conta uma coisa incrível dessas?!". É claro que eu ia contar: "Lembra quando vim te chamar e a gente foi correndo pro Stonehenge, e aí".

Ela: "Aaaaaaaaaaaaaa".   "Sei."   "Lembro."

O que eu queria contar era isso: "Foi lá que a gente se beijou a primeira vez. E a segunda e a terceira e a quarta...".

A Amanda fica feliz. É tão bom estar com ela que por um momento me esqueço das manchas que vi e o que elas significam. Ela provoca: "Mas que coisa é essa de não saber se tá ficando, deixa de frescura, avisa logo pra ele que vocês tão namorando e pronto". E eu: "Mas e se ele fala 'não'? Tô deixando acontecer". Ela quer falar com ele: "Que menino devagar, ele é louco por você". "Imagina, louco por mim." Ela diz claro que é: "O Enrico só inventou essa história toda de horta pra ficar mais tempo com você". "Eu sei que ele queria fazer o minhocário e a horta foi ideia da mãe dele e."

Ela: "Tava tudo combinado".

Eu não acredito: "Como? Sério? E você sabia?".

"Sabia, claro, foi ideia minha." Eu: "Não acredito!". Ela: "Deixa que eu falo com ele, tá precisando de uma forcinha". "Peloamor, de jeito nenhum!" "Vou falar sim." "Não vai não!" "Vou sim!" "Vai falar nada", aperto a lateral da barriga dela para fazer cócegas e ela se encolhe toda: "Ai".

"Desculpa, você tá bem? Te machuquei? Foi de brincadeira, era só cócega." Ela: "Tá tudo bem, é que bati numa quina". Tenho uma ideia no instante da palavra quina: "Eu também bati numa quina, bati a perna de lado na mesa da cozinha e doeu pra caramba, olha aqui, dá pra ver, olha só o tamanho do calombo roxo que ficou, o seu ficou roxo também? Deixa eu ver". A Amanda me dá um beijo rápido e sorri aquele sorriso triste e quieto: "Tchau, amiga, preciso entrar antes do meu pai voltar, senão ele dobra o castigo do celular". Ela já virou de costas enquanto eu pergunto: "Quando você volta pra escola?". "Não sei, mas volta aqui no portão na semana que vem, na quinta nesse mesmo horário, ouvi ele no telefone, vai ter uma reunião lá no escritório." "Tá, eu venho." Ela: "Tchau, amiga", e fecha a porta.

A conversa toda esperei ela dizer alguma coisa, como no dia em que me pediu para chamar a tia dela se ela sumisse de casa ou da escola. Será que ligo para a tia assim mesmo? Então lembro do meu pai dizendo que tenho uma imaginação perigosa. A Amanda não me fala nada, será que vi mesmo o que penso que vi? Ela não quer minha ajuda, será que a Amanda quer minha ajuda? Alguém me ajuda!

"Tchau, amiga."

• • • • • •

Adeus, Stonehenge.
•

Barulho de serra, droga, sábado que dá para dormir e essa barulheira, gritaria, escuto uma voz que parece do Enrico. Corro para a rua. O barulho vem do terreno, tem uma confusão de gente na frente, pela primeira vez ouço o Felipe falar sem parar, a mãe do Enrico segura os meninos e tenta acalmar: "Não adianta, não tem nada que a gente possa fazer". Mais da metade dos pés de mamona já está no chão, três caras derrubam tudo numa velocidade impressionante. Enquanto se afasta do terreno, o pai da Amanda grita mais forte do que as motosserras: "Agora não vai ter onde vocês se enfiarem pra botar minhoca na cabeça da minha filha".

Dessa vez foi mesmo o pai da Amanda. E nem foi surpresa. Ele detesta qualquer pessoa que "se mete" com a filha dele. Ligou para a prefeitura e inventou uma denúncia: infestação de ratos, gangues, jovens drogados, pedofilia, não economizou na variedade, deu um jeito de acabar com o nosso lugar.

Os homens da prefeitura vão embora deixando para trás as plantas cortadas amontoadas num canto. Perdidas no terreno pelado estão nossas quatro pedras, agora tão insignificantes.

O Enrico vem na minha direção com a cabeça baixa, quando chega perto ele levanta o rosto com um meio-sorriso forçado, os olhos estão vermelhos, ainda não tinha visto ele chorar. Minha vontade é de abraço, mas ainda estou na dúvida de como ser, depois do nosso beijo, como fazer, então fico toda dura, mas dou um sorriso sem graça também. Ele devolve um "oi" e um beijo na bochecha. Enxugo os olhos, também chorei. Ele diz: "Depois a gente se fala, gostei do seu pijama" (que vergonha! achei que passava por roupa normal). A mãe dele me dá um tchauzinho de longe e ele corre para andar com ela de volta para casa. Os vizinhos vão se afastando calados, o seu Carlos, triste demais. No meu corpo sinto como se estivessem amontoadas as nossas quatro pedras.

••••••

É difícil olhar a pilha de mato mais marrom a cada dia.

•

Estou sentada na beira da calçada, crescida, sou mulher, vejo penas coloridas caídas pelo chão, ouço um canto lindo, o canto de um pássaro, me emociono como se eu pudesse entender o que é estar triste na língua dos pássaros e sentir como eles, olho na direção dos pés de mamona, eles ainda estão lá, dois vultos se aproximam, mais perto percebo o pássaro que canta — completamente depenado, que visão assustadora —, ao lado dele vem Amanda, o segundo vulto, nua, o corpo coberto por manchas roxas, esverdeadas, pretas, amareladas, não sobra pele intacta, o canto não combina com a visão, o som é tão bonito; a cena, grotesca, Amanda se abaixa para recolher do chão penas que se iluminam com o toque, ela coloca uma a uma sobre o corpo do pássaro, devolve a ele cor e beleza, então, Amanda olha para mim, sorri, sorrio de volta, agora ela se despe da pele machucada como se fosse uma roupa já gasta, por baixo uma pele nova, com calma Amanda e o pássaro viram-se de costas e levantam voo, o pássaro imenso ocupa quase completamente o que é possível ver de céu, Amanda, já minúscula de tão longe, não tem asas e voa com facilidade assim mesmo, voa alto, alto, alto, alto, alto, alto

•

Chega. Vou perguntar. Que história é essa de roupa comprida para disfarçar machucado, vou perguntar para

a Amanda quem e como machucou, preciso ouvir dela
a resposta que já sei, vou oferecer ajuda, não sei o que
fazer mas estaremos juntas, o canto do pássaro, o sonho
me deram coragem.

......

O carro está na garagem mas a pressa me distrai.
.

Quinta-feira. Hoje vou levar os cadernos da Amanda,
o pai dela vai para o escritório, vamos conversar. Não
desisti, vou perguntar e vamos fazer alguma coisa para
resolver isso tudo.

Vou tocar a campainha quando ouço gritos que vêm
de dentro da casa, meu corpo inteiro se assusta e eu
corro para a porta da garagem, os gritos não param,
reconheço a Amanda, a voz de homem deve ser do
pai dela, neste momento noto o carro estacionado e
confirmo: "Claro, é o pai dela quem grita". Engatinho
até uma janela lateral, não sei de onde vem a coragem.
Espio por uma fresta na cortina enquanto o pai da
Amanda berra e atira coisas no chão, ela toda encolhida
num canto da sala. Ele grita mais alguma coisa e para,
parece esperar uma resposta. Acho que acabou, ela deve
achar também porque sai do canto e tenta passar entre
o corpo dele e a parede, aí ele dá um bote, que susto!,
agarra o braço dela com uma violência que eu nunca

vi meudeusdocéu o que é isso alguém me ajuda estou perdendo o fôlego não consigo o quê, fico paralisada. O pai da Amanda puxa de um jeito, quase querendo separar o braço dela do resto do corpo, como se ela fosse uma boneca de plástico, parece um filme, eu sei que não é mas parece, não pode ser real, a Amanda tenta acompanhar na ponta dos pés o passo dele em direção ao corredor, ela jura que não desobedece mais, ela jura que não sai sem ele deixar ela jura, ela nunca mais vai sair de casa sem ele junto ela jura, ela tropeça e grita mais alto que está machucando, que ele vai quebrar o braço dela, meudeus, a porta do corredor bate com força, ela grita, a Amanda cada vez mais desesperada, outra porta bate e ele, já de volta na sala: "Você só sai do quarto quando aprender a obedecer". Ele chora, grita, bate com as mãos na cabeça, chuta tudo o que encontra pela frente, não vai sobrar nada inteiro neste lugar.

Fico por segundos sem saber o que fazer e então corro. Para onde? Para casa? Para minha mãe. Passo pelo Felipe na rua, corro mais, o vira-lata da rua corre junto, minha mãe vai ajudar ela é mulher ela sabe que isso não pode, os moleques da rua nem vejo bem, para casa, para casa, pulo por cima do portão, escancaro a porta já gritando "mãe", entro pela casa sem controle das minhas pernas que não aguentam mais segurar o que eu descobri. Nem percebi meu choro escorrendo pela cara.

Conto tudo o que vi.

Minha mãe está sentada assistindo a um programa de entrevistas na TV: "Malu, calma. Para de inventar história, o pai da Amanda é praticamente um santo, cria aquela menina sozinho, ele deve ter dado uma bronca bem dada, só isso, provavelmente merecida, e você fica aí criando fantasia, coitado. Você tá com fixação, cismou que o cara é péssimo pai, deixa você ser mãe um dia pra ver como é difícil criar uma menina marrenta como você, e tem mais, ela é péssima influência, você anda com essas suas ideias feministinhas agora, só pode ser coisa dela que não tem mãe pra ensinar como deve se comportar uma mulher". Ela se levanta e acho que é para me olhar, para conversar, ainda tenho esperança, ela vai ajudar. Acho que não expliquei direito, melhor começar do começo, contar tudo outra vez, mas ela só levantou para ajeitar uma revista torta na pilha organizada sobre a mesa de centro. Senta de volta sobre a marca que a bunda deixou no sofá.

•

Cresci ouvindo que uma menina educada não deve gritar, uma menina educada sempre diz "por favor" e "obrigada", uma menina educada agradece até quando pisam na cabeça dela. Agora sinto um grito inflar dentro de mim. Tenho medo de segurar e romper alguma coisa que segura o selvagem dentro do meu corpo. Respiro fundo: "Mãe, me ouve! Não tô inventando, eu sei bem o que vi!".

Ela diz: "Calma, vamos esperar seu pai chegar pra gente conversar, Malu, senta aqui comigo".

"Mãe, a Amanda tá lá apanhando agora, por favor, ajuda!" Minha mãe não se abala. Desisto dela e corro para o banheiro sem saber o que fazer. Meu corpo treme estranho, como se a cada movimento eu saísse um pouco mais de dentro de mim. Perco a noção do tempo, só penso: o que eu faço o que eu faço o que eu faço o que eu faço meudeusmeajudaoqueeufaço.

•

Quanto tempo passou? Por que tremo tanto? A voz do meu pai. Meu pai, ele chegou, ele vai fazer alguma coisa, ele é uma pessoa boa ele não vai deixar isso assim ele sabe que isso não isso não pode pai por favor ajuda pai. Exijo uma atitude, um plano imediato para salvar a Amanda. Minha mãe, enquanto lixa as unhas: "Ela tá histérica, já não sei o que fazer com essa menina". Jogo longe aquela toalhinha podre dela com tanta raiva que meu pai grita: "Se controla, Maria Luísa, filha, a gente não pode se meter na vida dos outros".

Sinto o urro subindo em direção à garganta, o urro animal.

Ele continua: "A Amanda tem avó, tem tia, tem outras pessoas que podem ajudar". Mas eu digo: "O pai dela cortou todo mundo, a Amanda não vê ninguém da família da mãe dela tem quase dois anos, o pai dela não deixa, ele briga com todo mundo, ele ameaça". Meu pai não entende. Ele não entende que o pai da Amanda arrasa tudo, não sobra vida por onde ele passa. Ele continua sem entender: "Ninguém está falando nada, não somos nós, os vizinhos novos, que vamos falar, e tem mais, se ninguém falou nada é porque não percebeu, então não deve ser tão grave assim, não é nosso lugar". E eu pergunto qual é o nosso lugar: "Me fala, qual é o nosso lugar? É o lugar de quem olha de longe como se visse um filme?". Ele não gosta da minha pergunta: "Agora chega, você não vai se meter nisso e não quero mais ouvir falar no assunto. Chega!".

    O urro explode. Grito até machucar a garganta. Meu pai: "Estou cansado demais pra isso", ele vira as costas e entra na cozinha, minha mãe me puxa pro quarto: "Se você não calar a boca agora eu tranco essa porta, você só sai daqui quando parar". Não paro. Não sei quando parei. O urro virou grito que virou choro que virou exaustão. De madrugada percebo a porta do quarto entreaberta e sinto o peso da manta quando minha mãe me cobre. A raiva que sinto dela agora é muita e mesmo assim queria que ela me abraçasse e dissesse que tudo vai ficar bem, mas a porta já fechou outra vez.

......

O que eu faço o que eu faço o que eu faço?
•

Ainda não tive coragem de contar para o Enrico o que vi. Agora eu também sem celular, de castigo, sem computador, outro castigo, proibida de ir na casa da Amanda, mais um castigo, o que eu faço, com quem eu falo?

    O Enrico aparece na minha janela mas não consigo nem sorrir, ele sabe que estou assim por causa da Amanda, não sabe bem por quê, acha que ainda é por causa da confusão do dia em que ela foi picada no Stonehenge, porque a gente não pode se ver, que a Amanda está proibida de sair na rua sem o pai dela, tudo isso. Estou tão preocupada com ela que nem penso no meu rolo com o Enrico, converso com ele sem estar ali. Não consigo falar o que sinto, a situação é tão grave que os problemas de sempre com o pai da Amanda parecem nada perto do que vi pela fresta da janela. Reparo que aquele broto na terra seca embaixo da minha janela cresceu, tem até uns botões de flores, mas nem ligo. Só penso na Amanda. Já faz quase uma semana, como será que ela está, meu deus, que preocupação, meu corpo começa a tremer outra vez, o Enrico se assusta: "Você tá bem?". Sempre tenho vontade de dar um beijo nele, mas agora nem isso eu quero. "Acho que é virose, Enrico, melhor eu deitar, beijo, tchau."

    Minha mãe acha exagero.

Meu pai manda esquecer.

......

A Amanda ama o pai dela, eu sei. Mas agora acho que ela precisa aprender a se amar mais do que ama ele.

•

Olha lá a Amanda passando na rua com o pai dela. Agora ela só anda com ele colado na nuca, parece um cachorrinho na guia curta. Vou lá fora, quero dar um jeito da gente se cruzar, acho que estão indo para a banca do seu Carlos, também vou. Entro antes deles e compro um chiclete, viro e faço cara de surpresa: "Oi!". Eu pergunto para a Amanda se ela está bem. "Tô ótima", o sorriso, falso, o olhar muda do pai para mim e de volta para ele sem parar. Ele finge que não ouve nossa conversa sobre nada enquanto discute com o seu Carlos alguma notícia do jornal. Nos despedimos.

•

A Amanda é como um pássaro que continua dentro da gaiola mesmo quando alguém já abriu a porta. Depois que vi as manchas no corpo dela, o que mais fiz foi inventar conversa para dar chance dela chegar no assunto. E ela ficou dentro da gaiola sem dar um pio. Todas as vezes que tentei falar sobre qualquer tema do meu grupo feminista, ela mudou de assunto e começou a contar coisas boas sobre o pai. Aí fiquei quieta, não tive coragem de perguntar o que precisava. Mas agora eu já sei, não preciso ouvir dela. Eu vi. Ela precisa de ajuda para voar. Ela precisa de mim. A Amanda não pode esperar.

Sinto crescer uma força, parece uma daquelas correntezas que arrastam tudo, uma certeza sobre o que fazer, mas então me lembro das palavras do meu pai: "Imagina se o pai dela é preso, ela já não tem mãe, vai ficar sem pai por sua culpa, será que você não se confundiu com o que viu? E também tem mais, um pai perder a paciência às vezes não é o fim do mundo". Meu pai não entendeu mesmo, ele pensa que não sei a diferença entre uma briga e outra briga. O que eu faço o que eu faço com quem falo quem me ajuda. Mastigo os cantinhos da unha até doer, lembro do João. Mas o João não pode me ajudar agora. Parece que se eu abrir a boca acaba o mundo.

• • • • • •

Se eu pudesse voltar o relógio.

•

"Tamara, me perdoa, eu sei que devia ter vindo logo falar com você, achei que meus pais iam me ajudar, mas eles acham que estou exagerando, que invento coisas pra chamar a atenção, eu fiz um escândalo e eles me deixaram de castigo sem celular, sem poder sair de casa, assim que pude vim correndo, mas"

Ela me abraça e diz: "Eu sei, eu sei como é o medo

de estar errada". Tamara chora e eu também entendo cada uma das lágrimas. Ela achou estranhas as roupas da Amanda cobrindo o corpo no calor, achou que estava demais o pai não deixar ela sair com a gente. Como foi que ela deixou isso acontecer com a Amanda?, ela pergunta, e continua: "A gente vai aliviando, achando que é uma fase, que está exagerando, mas estava na cara que tinha alguma coisa muito errada com ele. As ameaças, os bloqueios, as proibições. Ele é pai, não é dono da Amanda".

A Tamara lembra da última vez que conversou com a tia da Amanda, pouco antes de voltar com o Enrico da Alemanha. Tinha acontecido uma briga feia entre o pai da Amanda e a tia e a avó dela. Ele dizia que as duas se metem demais na vida dele e proibiu a Amanda de ligar para elas. Quando ficou sabendo da proibição, a tia foi lá na casa tirar satisfação, mas acabou indo embora a pedido da Amanda, que disse que ele estava estressado no trabalho, que ia conversar com ele, era só dar um tempo que tudo se ajeitava. Não se ajeitou.

Entre um momento de desabafo e desespero, nos olhamos e decidimos juntas o que fazer.

······

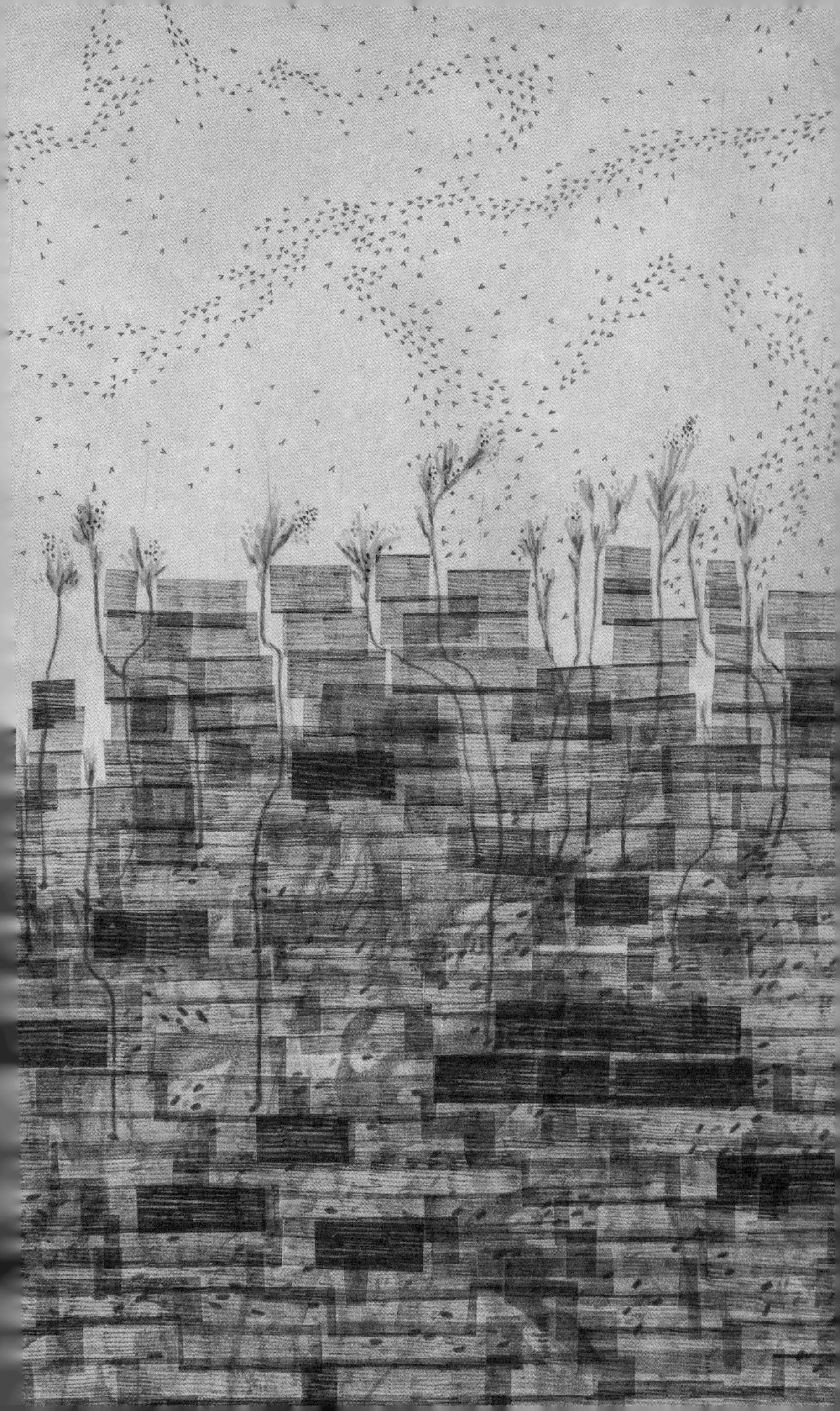

Penso no canto do pássaro e na Amanda que voa alto alto até sumir.
•

Veio a assistente social. O pai da Amanda não deixou entrar, na casa dele não entra. A mulher avisa muito séria: "Volto com a polícia, senhor".

Ele ficou violento, disseram na rua, e por isso saiu de casa algemado. Ele não era assim antes, também disseram. O que faz um homem bom, trabalhador, ser tão bruto com a própria filha, perguntaram. Ele bateu muito na menina, se horrorizaram. Também tinha aquela mania de não deixar a menina sair de casa, comentaram. A pobrezinha vivia triste pelos cantos, reconheceram.

Foi triste ver a Amanda proibida de fazer qualquer coisa, ele cada vez mais rígido, mas ninguém imaginou aquela violência.

Agora entendo a Amanda com medo de sair da gaiola: ele também ficou violento quando a mulher morreu, ficou violento cada vez que não gostou de alguma resposta da Amanda, cada vez que algum olhar, algum silêncio. Ficou violento todas as vezes que a tia da Amanda apareceu no portão para tentar conversar, cada vez para tentar ver a sobrinha, ele ficou violento quando pegou um telefonema escondido no telefone da Amanda: ela queria falar com a avó, só isso.

A tia da Amanda veio, agora as duas abraçadas estão

juntas como se fossem um corpo só, me acalma ver, a Amanda gosta muito dessa tia que veio para levar ela embora. Aqui é o nosso lugar, meu e dela juntas, mas a Amanda precisa muito, urgente, que não seja mais aqui o lugar dela. Tem casa de avó esperando, avó que gosta muito dela, avó que nunca inventaria uma reforma para deixar de receber a neta, ela vai ficar bem.

O seu Carlos para quieto do meu lado e diz: "Ele chegou no fundo do poço. O moço mudou. Ele não sorria mais, o rosto parecia feito de sombra, os olhos não paravam em nada. A Amanda cuidava de tudo sozinha, ele não levantava da cama, todo mundo queria ajudar a menina, mas ele só faltava matar quem tentava. Uma vizinha se atreveu, entrou pra levar comida e fazer uma gentileza, foi pela menina, ele avançou feito dragão vindo do fundo da caverna já cuspindo fogo, tocou ela pra fora. Passou bastante tempo assim, viu, mas eles têm família, o que a gente pensa é que eles tão olhando, acompanhando a situação, sabe, filha. Um dia ele apareceu na rua barbeado, pronto pro trabalho, até cumprimentou quem cruzou com ele. A vizinhança acalmou, pensamos que estava tudo bem, que o moço tinha se acertado".

Ainda duvido de mim, será que fiz errado? Não tenho coragem de chegar lá perto, a Amanda chora muito quando abraça o pai antes dele entrar no carro da polícia, ele também chora tanto, pede perdão, chora mais, parece uma criança pequena sendo separada da mãe no primeiro dia de escola. Talvez meu pai esteja certo, será que meu pai estava certo? Por que me meter se tem tanta gente para resolver a situação? Mas tanta gente quem? Ninguém resolveu, e não dava para fingir que não vi. Vou para casa, chega, não consigo mais olhar. A Amanda está segura.

Escuto meu nome e vejo que ela corre para me alcançar, a cara toda bagunçada do choro, os óculos redondinhos embaçados. Ela vai me bater, vai me xingar, o que vai fazer? Alguém descobriu que fiz a denúncia e contou, ela me odeia, a culpa dessa separação horrível e triste é toda minha.

A Amanda me abraça forte e o choro vai acalmando, ela tira os óculos e põe em mim, não dá para ver nada, tudo embaçado, grau que não preciso, o meu choro misturando com o dela, então ela diz: "É, ainda bem que você não precisa de óculos, sem chance de encostar igual dos dois lados com esse nariz torto". Rimos e choramos ao mesmo tempo. Ela continua: "Eu sei que você estava lá fora na janela, eu te vi".

Me assusto, não consigo responder.

Antes de voltar correndo para entrar no carro da tia, ela pega os óculos de volta e me dá um beijo: "Malu, você me dá coragem".

•

Minha mãe está na sala. Não estamos nos falando direito ainda, escuto ela fungar, vejo a cara inchada e ela me chama com a voz rouca. Vou para o quarto, não quero saber.

● ● ● ● ● ●

Uma fresta de luz na janela.
●

Parece que dormi uma semana. Acordo com uma batidinha leve na janela. O Enrico pede: "Vem aqui fora". Ele ainda não acredita em tudo o que aconteceu: "Como eu não percebi que a Amanda tinha apanhado do pai dela? Por que você não me contou?". Sacudo a cabeça: "Não consegui te contar, desculpa". A gente se abraça apertado e ele diz: "Você teve muita coragem, a Amanda tem sorte de ter uma amiga como você".

Olho, sorriso, beijo, abraço, beijo, riso e mais beijo.

Saímos na rua de mãos dadas. É muito estranha essa rua sem a Amanda.

● ● ● ● ● ●

Dizem que de coisas ruins podem nascer coisas boas.
●

A casa da Amanda está para vender, acho que o pai dela não tem coragem de voltar aqui.

Férias sem a Amanda não era o plano; a ideia era juntar dinheiro e passar metade no Rio, metade com ela e os meninos no Stonehenge. Não juntei dinheiro suficiente, acabou Stonehenge e a Amanda foi embora. Já estou com saudade, mas pelo menos nos falamos todos os dias, no mês que vem vou lá visitar, já está combinado, a tia dela me convidou para passar o fim de semana no sítio onde elas moram, parece bem legal.

Desta vez a Amanda é quem chegou numa cidade nova, morro de ciúme só de imaginar ela com outra melhor amiga, mas espero que ela encontre uma pessoa legal que venha dar "oi" no primeiro dia de escola nova.

Agora eu e o Enrico atrás da banca do seu Carlos querendo que o Felipe suma um pouco para a gente poder beijar em paz. Ele passa uma, duas, três vezes, finge que não está ligando para a gente mas não some, parece cachorro carente, finalmente chega perto e chama para procurar mais uma bola desaparecida lá no terreno. Tá bom.

Seguro a mão do Enrico para deixar o Felipe andar na nossa frente. E se tive coragem para ajudar a Amanda tenho coragem para fazer qualquer coisa. Pergunto: "Escuta, eu tô namorando, e você, tá namorando também?".

O Enrico dá risada: "O que você acha?".

Quero uma resposta: "Tá namorando ou não tá?".

Beijo comprido. É, acho que ele já me respondeu.

Enquanto procuramos a bola do Felipe, começam a

voar umas coisinhas marrons. Parece pipoca estourando, algumas pegam na gente com força, dói. Será que é bicho, o que é? Consigo pegar uma voando, o Enrico também, o Felipe pega mais duas, brincamos de caçar as coisinhas no ar por um tempo e quando juntamos um monte ficamos olhando sem saber. O seu Carlos vem espiar curioso: "Aaaah, semente de mamona quando seca explode e voa longe pra brotar, esse terreno vai ficar forrado de mamona".

•

Vou correndo escrever sobre a novidade das mamonas, tenho até ideia para uma história, vai ter que ser no caderno cor-de-rosa mesmo, paciência. A Amanda não vai acreditar quando souber. Quando abro o caderno, encontro uma anotação: Tenho muito orgulho de você, Malu. A letra é da minha mãe.

    É. Tem coisas boas que nascem de coisas ruins.

••••••••••••••••••

Agradecimentos

Agradeço ao meu primeiro leitor, Emanuel, por suas sugestões preciosas. À Dani Gutfreund, pelas leituras atentas e pelo empurrão. À Marcela Dantés, por me ensinar a construir personagens. À Camila Werner, por acreditar em mim e no meu texto.

Agradeço a toda a equipe da FTD, por lapidarmos juntos, com tanta delicadeza, o material que agora é livro.

• • • • • •

Sobre a autora e ilustradora

Nasci no interior do Rio de Janeiro e aos quatro anos me mudei para São Paulo (SP) com meus pais. Em seguida, nasceu meu irmão. Fomos morar na Rua Gerona, onde aprendi a andar de bicicleta sem rodinhas e a subir em árvores, mesmo quando pareciam impossíveis de escalar. Brinquei muito fazendo guerrinhas de mamona com uma turma de amigos que passava as tardes comigo em aventuras sem fim até começar a anoitecer. Esse foi um tempo que me permitiu brincar livre na rua, em que experimentei um senso de comunidade — as crianças eram cuidadas por suas famílias e também pelos amigos da vizinhança. Essa experiência durante a infância deixou na memória o retrato de um lugar que carrego sempre comigo e que emprestei para ambientar essa história dos adolescentes Malu, Amanda, Enrico e Felipe.

    Hoje vivo com minha família na capital paulista, onde também trabalho, e torço para voltar a encontrar meu ateliê forrado de sementes de mamona.

······

Acesse o catálogo *on-line*
de literatura da FTD Educação

Produção gráfica
FTD educação | GRÁFICA & LOGÍSTICA
Avenida Antônio Bardella, 300 - 07220-020 GUARULHOS (SP)
Fone: (11) 3545-8600 e Fax: (11) 2412-5375

A comunicação impressa
e o papel têm uma ótima
história ambiental
para contar

TWO SIDES
www.twosides.org.br